引退馬保護活動が抱える理想と現実

馬の未来に小さな光を

林 由真

はじめに

～馬に関わる人たちが馬のために手を取り合えたら～

皆さま、はじめまして。

地方競馬で馬主をしながら引退馬保護活動をしております、林由真《はやしよしまさ》と申します。

「馬主が引退馬保護活動をしている」

そう聞いても特に気にならない人も多いことでしょう。しかし、私のような存在は馬の世界では非常に稀です。それどころか、競馬に関係する人たちからも、保護活動をしている人たちからも、それぞれに「偽善者！　詐欺師！」と罵られることも少なくありません。

馬を助けようとすればするほどいろいろな人から批判を受け、どんどん自分の居場所がなくなっていく……。

そんな辛い状況にさいなまれながらも、なんとか活動を続けてこられたのは、私にとってかけがえのない２頭の馬と出会えたおかげです。

その馬たちの名前は、アサクサポイントとフロリダパンサーといいます。

特に、フロリダパンサーはレース中に大怪我をし、その場にいた関係者全員から「絶対に助からないから諦めろ」と言われ、殺処分の一歩手前までいきました。しかし「なんとか助けてあげてほしい！」という、私の思いを受け止めてくださった方々との奇跡の出会いによって、フロリダパンサーは見事復活。そのいきさつは後ほど詳しくご紹介したいと思います。

馬の世界にはたくさんの人が関わっており、それぞれの立場がとても複雑です。立場によって考え方や行動がまったく違うため、自分のいる立場以外のところへうっかり足を踏み入れると、利害関係から必ず衝突が起きてしまう、そんな閉鎖的な世界でもあります。また、馬の世界は「競馬界」と「引退馬保護活動の世界」（以降、保護界）の２つに大きく分けられます。

競馬界では「馬は経済動物と割り切り、走れなくなったら処分（馬肉）」という考えが一般的ですが、保護界では「馬は経済動物ではない。見放された馬をみんなで守っていこう」という考えで動いています。２つの世界は真逆の考えのもとに成り立っているため、当然馬との接し方も異なり、まさに水と油の関係です。

私は馬主ですから、立場的には競馬界にいることになりますが、競馬界で主流である「馬は走れなくなったら処分」という考えになじめませんでした。しだいに嫌悪感を抱くようになった私は、3年前から一人で引退馬の保護活動を始めたのです。ところが、馬主という立場の私が保護界に足を踏み入れたことで、私は競馬界と保護界、それぞれから〝共通の敵〟として扱われるようになってしまいました。彼ら彼女らから見れば、私の立場や行動は矛盾だらけであり「どっち付かずの偽善者」と映ったようです。

「引退馬の生きる道をなんとか探そうとしているだけなのに、なぜこんなにも酷いことを言われなければならないのか……」私は悩み、苦しみました。それでも「せめて自分の元に来てくれた馬だけは生きる道を見つけてあげたい」と思い直し、馬の引受先を見つけるために一人で全国を歩き回ってきたのです。

そんな活動を続けている中でさまざまな人と出会いました。そのたびに自分の心のうちをお話しし、相手の考えに耳を傾けてきた結果、馬を助けるためにみんなが手を取り合うことの難しさと、厳しい現実が少しずつわかってきました。

そこで私の実体験を1冊の本にまとめることで、それぞれの立場で馬に関係しておられる人たちの思いを紹介し、誰かを悪者と決めつけるのではなく、馬に関わる人全体の問題として、広く目を向けて欲しいと考えました。

この本を読み終えた後、一人でも多くの人が引退馬の保護活動に興味を持ち、1頭でも多くの馬を救うために「自分にもできることは何かないだろうか？」そう考えてくださる方が増えることを願っております。

【お読みの皆さまへ】

本書は特定の誰かや立場について批判するものではありません。私が実際に体験した中で、その時々の私の思いや考えをそのまま書いています。馬の世界は賛否両論ある難しい世界であり、読者の立場によってはどう言葉を尽くしても批判と受け取られてしまう部分があるかもしれません。それらはあくまで著者である私、林由真個人の考えであるとご理解ください。

目次

1章

馬が好きで入った競馬の世界で〝異端〟の保護活動に関わるまで

未来が見えない中学生の自分に差し込んだ希望の光

中学生の頃、親戚のおばさんに連れて行ってもらった中山競馬場で、私は生まれて初めて競馬を知りました。

その日は、スプリンターズステークスという大きなレースが行われる日でした。今は秋に開催されているこのレースも、当時は年末に行われていて、師走の慌ただしさと相まって、競馬場にはメインレースの前からたくさんの人が押し寄せていました。みんなお金を賭けているので殺気立っており、最初はとんでもないところに来てしまったと、怖く感じたのをよく覚えています。

おばさんに競馬場の中を案内してもらううちに、人だかりのできた場所へつれてこられました。

「ここはパドックといって、レースに出る直前の馬を見るところだよ」

近づいてみると、楕円形の広場によく手入れをされた綺麗な馬がいました。馬を引いて歩く人たちもみんな正装をしていて、とても華やかな雰囲気でした。しかも、パドックの周りにはたくさんの人がいるのに、みんな騒がず静かに黙って馬を見つめていて、子どもの私にとっては、なんだかとても不思議な場所に思えました。

そんな私の戸惑いを知ってか知らずか、おばさんはパドックにはそれぞれの楽しみ方があることを手短に教えてくれました。馬の様子を真剣に眺めて、新聞に載っている情報以外のことを感じ取ろうとしている人、馬の写真をたくさん撮影している人、自分の好きな馬や騎手を見続けている人などなど。最初に殺気立った雰囲気を経験した分、ここでは静かに馬を見られ、少しだけ安心しました。

初めて間近で見たサラブレッドの第一印象は、体は大きいのに優しい瞳をしていて綺麗だなぁというもの。それからじっくりと眺めているうちに、体の色だけでなく、大きさや性格もそれぞれ違うことにも気づき、飽きずに見ていました。

その中で一頭気になった馬がいました。そこで馬の名前と番号を覚え、次のレースではずっとその馬に注目して見ていたら見事にトップでゴール。競馬のことはまったくわからなかったけれど、自分の気に入った子が1着になったことが嬉しくて、その後のレースもずっとおばさんと一緒にパドックを見てから、気に入った馬に注目してレースを観戦するということを繰り返しました。

そうしているうちに、私は走る馬の姿と競馬という競技にすっかり魅了されてしまい、最初は怖いと思ったはずの歓声も、気づけば一緒になって声援を送るようになっていました。第1レースから最後の第12レースまではまさにあっという間。帰り道は、今まで経験したことのない高揚感に包まれていたのです。

それは、私にとって久しぶりのうれしい出来事でした。

私は昔から人と話すことが苦手で、なかなかうまく人付き合いができませんでした。そのため、学校ではイジメにあったり、行事などで仲間はずれになったりすることもたびたび。趣味もなく、これといって楽しいこともない日々を送っていた思春期ど真ん中の私は「いったい何のために生きているのだろう?」と真剣に悩むことが増えていたのです。

そんな時に出会ったのが馬と競馬という存在でした。

私はあの1日で馬と競馬が好きになり「いつか馬主になる!」という夢を持ちました。今まで悩んでいた分、将来の夢が決まると全力でのめり込み、高校からバイトを始めて15年間ひたすら貯金をして、2016年、ついに念願の馬主となったのです。

プロの世界の厳しい洗礼

夢と希望を抱いて馬主になった喜びも束の間、私はすぐに競馬界からの厳しい洗礼を受けました。

馬主にとって最初にしなくてはならないのは「馬の購入と、馬を預託する調教師を決める」ことです。馬を購入するには北海道で年に数回行われる「セリ」に参加し、1歳の仔馬を購入するのが基本ですが、セリの開催時期とは少しずれていたため、まず先に預託する調教師さんを探すことにしました。

自分の住んでいる近くの競馬場がよいだろうと、まずは競馬場に所属している調教師さんを探そうと思いました。しかし、まわりに馬主の知り合いもいないため、どこに連絡すればよいのかわかりません。いろいろ訪ね回った結果、競馬場に連絡すれば調教師さんを紹介してもらえるとわかり、早速電話をして紹介していただき、預託契約などを結んで、あとは馬を購入するだけとなりました。

ところが、1日も早く馬主としてデビューしたいとワクワクしていた自分にとって、調教師さんから教えていただいた馬の購入方法やレースに出るまでの流れは淡い希望を打ち砕く、非情なものでした。

「セリで購入するなら300万円以上の馬でないと勝負になりませんよ。セリで買った後は育成牧場でトレーニングを積むことになりますが、毎月25万円はかかります。それから輸送代なども別途かかるから、順調にいった場合でもデビューまでに250万円以上は追加で必要になるでしょう。馬代金と合わせて最低でも600万円は用意しておいた方がいいと思いますよ」

なんと、レースに出るまでに馬を買ったお金と同じ額がかかるとは……。調教師さんはさらに厳しい現実をつきつけます。

「あと、育成中に怪我をしたり、体が弱かったりしてデビューできなかった場合でもお金は戻ってきません。それと、うちの預託料は月27～30万円かかりますので、その分も用意しておいてください」

なんということか……。今までそういった知識を得る機会がまったくなかったのでただただ驚くことばかり。新馬からスタートするのはとんでもなくお金がかかるだけでなく、リスクも高いとわかって呆然としてしまいました。どうすべきか悩み考え込んでいると、調教師さんから「仔馬を買う以外にも、〝中古〟の馬を買うという手もありますよ。安いしすぐに使えます」と言われました。調教師さんの元には馬喰《ばくろう》と呼ばれる、馬の売買を仲介する仕事をしている人が定期的に訪ねてきて、そこで売り馬の話も回ってくるというのです。

一般的に〝中古〟として売りに出されるのは中央競馬で成績の悪かった馬ですが、中には地方競馬へ移籍してから実力を発揮し、見違えるように活躍する馬もいるとのことでした。もとの馬主の手を離れ、売られる馬のことをクルマなどと同じように〝中古〟と呼ぶこともこの時初めて知りました。

100万くらいで買える馬もいるそうなので、調教師さんに頼んでおくと、それから2週間ほど経って連絡がありました。セリで売れ残った新馬が安く手に入るとのことでした。しかし値段は250万円。デビューまでの費用も考えると難しいと判断し、お断りしました。

さらに1週間後、また電話があり「中古で90万の話がきましたけど、どうします?」と言われ、喜んでその馬の成績やレース内容を見てみました。ところがどのレースも大きく離された最下位。しかも、馬体重も380kgと、サラブレッドとしてはかなり小柄でした。

現代競馬では500kg近い馬が主流となっていて、400kg前半の馬は力負けしてしまうことが多いのです。それよりもさらに小さい400kg以下の馬で活躍した例はほとんど聞いたことがありません。素人の私から見てもこの馬で勝負するのは難しそうでした。そこで再びお断りの連絡をしたところ「じゃあ、自分で勝手に買ってきてもらえますか。決まったら連絡してください」と一方的に電話を切られてしまいました。

仕方なく自分で馬の購入方法について調べてみると、中古の馬が取引されているオークションサイトを見つけました。そこでいろいろな馬を探し、ついに念願の1頭を購入することができたので、急いで調教師さんに連絡をしてみました。ところが、返事は思いがけないものでした。

「うちはもう一杯だから他に持っていってください」

思わず「えっ!!」と声が出ました。しかし、取り付く島もありません。もう馬は買ってしまったのに、預けるはずの調教師さんからは断られてしまい、私の頭は真っ白です。それでも気持ちを切り替え、すぐに別の競馬場に連絡を入れ、何人か調教師さんを紹介していただき、なんとか預かってくださる人が見つかりました。

波乱の幕開けで始まった私の馬主人生でしたが、それから約1か月後に念願のデビュー戦がやってきます。家族全員で競馬場に行ってレースを見守ったものの結果は惨敗。それでも自分の馬がレースで走る姿を見られて、競馬場で初めて馬と出会った時のあの記憶も鮮やかによみがえり、こみ上げる感動を一人かみしめていました。

ところが、それからすぐに調教師さんから連絡が入り、怪我による6か月間の放牧が決定してしまいました。走れる期間に限りのある競走馬にとって6か月間は決して短い時間ではありません。じりじりしながら半年を待つと、復帰後のレースでは見事優勝。いよいよこれから……と思った矢先、再び調教師さんから電話がかかってきました。また同じ個所の怪我でした。しかも今度は放牧ではなく、引退を勧められたのです。同じ場所を怪我したということは、これからも再発する可能性がある。ならばここが判断のしどころ、ということでした。幸い、調教師さんの知っている乗馬クラブで引き取ってくれるとのことだったので、引退させることを決めました。

それから数日後、ふとその馬のことが気にかかり、どこの乗馬クラブに行ったのか教えてもらおうと調教師さんに尋ねました。しかし「会いに行くのはクラブに迷惑がかかるので教えられない」と、分からずじまい。その時は、乗馬クラブの会員でもない人間に訪ねて来られても確かに迷惑だろうと考え、怪我をしても、残りの余生が幸せであればそれでいいと思うことにしました。

とはいえ、馬代金、預託料、治療費、輸送費など、決して安くないお金がかかったのに、レースで走れたのはたったの2回だけ。15年間必死に貯めた貯金もあっという間に残りが少なくなってしまいました。

そしてそれ以上に、最初の調教師さんの対応をはじめとした、競馬界の人間関係などから受けた精神的なショックが積み重なっていて、早くも馬主を辞めることも脳裏に浮かびつつありました。しかし「せっかくここまでがんばって用意した貯金だからこそ、全部使い切って悔いが残らないようにしよう」と思い直し、残りの貯金で新たな馬を探すことにしました。

自分の生き方や考え方を変えてくれた一頭の馬との出会い

最初の馬での経験から、調教師さんはじっくりと話しをした上で慎重に決めないといけないと痛感しました。そこで、全国の競馬場に電話をかけ、各競馬場の調教師さんを3名以上紹介してもらいました。合計で30名近くの方とお話しさせていただき、その中でとても親身に話しを聞いてくれ「オークションで一緒に馬を探してもいいよ」と言ってくださる調教師さんに出会えたのです。その方からは、馬を選ぶ際は、成績はもちろん、実際のレース映像を見て、その馬のレース内容を正確に判断することも重要だと教わりました。まったくの素人の私に、馬の選び方の基本を1から教えてくれただけでなく、オークションに出品されている馬を例にして「この馬は良い」「この馬は脚に不安があるからやめた方がいい」と、丁寧なレクチャーまでしていただけたのです。

しばらくして、オークションに出ていた1頭の馬に釘付けになりました。

もうすぐ9歳になる高齢馬で、直近1年間の成績もよくなかったのに、なぜか気になる馬でした。

ちなみに、馬が活躍できる期間は、大抵の場合3歳から6歳くらい。新たに活躍を期待するにはだいぶ酷な年齢です。しかし、オークションのサイトに載っていた馬の写真はピカピカの体と、品のある顔立ちで、とても高齢馬には見えませんでした。

自分の直感だけでは少し不安だったので、すぐに調教師さんに相談してみたところ「レース内容は着順ほど悪くないので、意外と面白いかもしれません」とのことでした。すでに自分の心は決まっていました。ここが自分の馬主人生の勝負ポイントだと信じ、自分と馬に賭けて購入したのです。

その馬の名前は「アサクサポイント」といいました。

アサクサポイントは購入から1か月後、名古屋競馬でデビューすることが決まり、レースの前日、私は初めて調教師さんとアサクサポイントのいる名古屋競馬のトレーニングセンター（トレセン）を訪れました。トレセンは競走馬が日々暮らしながら調教を行う施設で、多くの場合、500頭以上が暮らす大規模なものです。

実は調教師さんとお会いするのはこの日が初めて。それまではずっと電話越しでお話しをしてきましたが、実際にお会いしてみると電話の通り、とても信頼のおける方でした。厩務員さんたちも皆明るく元気で、しっかりした厩舎というのが私にも伝わってきます。

洗い場に案内をされた時、そこには6頭の馬がいましたが、明らかに1頭だけオーラが異なっていました。やはりアサクサポイントでした。調教師さんに許可を取って、馬を触らせてもらうと、12月半ばの雨の降る寒い日だというのに、馬体は温かく、私のかじかんだ手にアサクサポイントの熱が伝わってきます。触ることを嫌がる馬も多い中、初対面の私がいくら触っても嫌がることなく、優しい瞳で私を見つめながら受け入れてくれていました。

調教師さんからも「ゆっくり見ていってください」と言っていただけたおかげで、馬とじっくりと触れ合うことができました。最初の馬では、厩舎を訪れてゆっくり馬を見ることすら許してもらえなかったので、初めて自分の馬を実感できた瞬間でした。そして、その日のうちに「この子は一生面倒をみる」と決意したことを、今でもはっきりと覚えています。

果たして翌日。名古屋競馬でのデビュー戦では、若い馬たちをまったく寄せ付けない、力強い走りでアサクサポイントは優勝しました。本来、重賞と呼ばれる大きなレース以外で記念撮影が行われることはあまりないのですが、調教師さんの計らいにより、みんなでアサクサポイントと一緒に写真を撮ってもらいました。まさに興奮と感動という言葉がぴったりな、人生最高の高揚感に包まれた日でした。アサクサポイントの快進撃はさらに続き、次に出た年末の重賞レースでも快勝。そこから引退まで、全部で重賞レースを3勝する名馬となりました。

この子との出会いがあったからこそ今の私があると断言できますし、この子との出会いが、引退した馬の処遇について考えるきっかけになったのです。

引退馬の悲しい現状の裏に潜むお金の問題

当時の私は、競走馬が引退するとすべて乗馬用の馬として余生を送るものだと思っていました。

しかし、引退後の馬の行方について競馬関係者に尋ねてみても、みな一様に言葉を濁してあいまいな答えしか返ってきません。そんな中、とある調教師さんから驚くべき答えを聞きました。

「ほとんどの馬が行方不明という形で馬肉になっていると思います。乗馬クラブで働ける馬はほんの一握り。そこへたどり着けるのは本当に運がいい馬なんですよ……」

私は初めて競馬の闇を見た思いがしました。

人間の娯楽のために生産され、毎日厳しい調教をしてレースに臨み、いらなくなったら殺して食料にされてしまう……。この時の衝撃は決して忘れることはないでしょう。

引退後の現実を知った私は、馬のためにできることが何かないかと考え、全国の養老牧場や馬を飼育している人にさらに詳しい話を聞きに行こうと決めました。養老牧場とは、引退馬・怪我をした馬・乗馬クラブで働けなくなった馬・高齢馬などが余生を送っている場所です。

しかし、調べ始めてみると、引退馬の保護に関する情報はほとんどなく、養老牧場に関してもはっきりとしたことがわからないのです。調べてわからなければ、現地に行って直接探し尋ねてみようと思い立ち、馬産地である北海道に飛びました。馬を飼育できる広い土地があり、牧草もたくさんある場所なら、引退馬が平和に暮らせるのではないかと考えたのです。しかし、その思いはすぐに打ち砕かれました。

牧場マップを片手に養老牧場を探し、北海道を車で走っても、該当する牧場は見つかりません。ある個人の生産牧場さんのもとを訪ねた時、何軒か続けてお話を聞かせていただけたので、私は、なぜ馬産地である北海道に養老牧場がないのか聞いてみたのです。すると、その答えは自分の予想のはるか斜め上を行くものでした。

確かに昔はこの周りにも何軒か養老牧場があったそうです。ところが、馬だけ送り付けて預託料を払わずに逃げる悪質な馬主が続出。裁判を起こすにしてもお金と時間がかかり、個人経営の養老牧場では毎回1日がかりで裁判所に行く手間もコストもかけられず、結果的に泣き寝入りするしかなくなってしまったそうなのです。養老牧場を経営する人の多くがもともと馬が好きな人ということもあり、処分もできず、エサ代や管理費がかかるのに収入もままならないため、すべて倒産の憂き目に。それからは、この地で養老牧場をやる人はいなくなってしまったとのことでした。

引退馬を預託管理する場合、どれくらいの費用がかかるのか聞いてみたところ、その答えも私にとって厳しい現実でした。

「馬は500kg近くあるからかなりの量を食べます。いくら馬産地で土地や環境があるとはいっても、エサ代や管理費で毎月10万円は欲しいのが正直なところです。でも、それを一生払い続けてくれる馬主なんていないんですよ」

馬は20～30年生きると言われており、仮に5歳で引退して25歳まで生きたとすれば牧場での余生は20年あります。毎月10万円の預託料を20年間払い続け、1頭の馬を最後まで面倒見ようとすると2400万円もの大金が必要です。さらに、病気や予防接種などの獣医代、削蹄（爪切り）なども別途かかりますから、とても容易な話ではありません。

私は初めて馬主が最後まで面倒を見ない（または見られない）理由がわかりました。と同時に、馬産地の牧場さんにも自分のところだけでは管理しきれない事情があることも理解できました。

そして、引退馬に生きる道筋をつけてあげることがいかに大変なことなのか、現実を思い知ったのです。

SNSを使って自分の思いと願いを発信していく

私の愛馬、アサクサポイントはどんなことがあっても一生面倒を見ると決めましたが、すべての馬を最後まで面倒を見ることはどう考えても不可能でした。そこで「縁あって自分の元に来てくれた馬だけでも生きる道を見つける」と方針を定め、活動することにしました。

養老牧場と生産牧場が抱えている現状もわかったので、次は実際に馬を飼育できる人や団体がいないかどうか探してみることにしたのです。しかし、ネットを探しても見つからず、調教師さんや牧場さんに聞いてもわかりません。諦めかけていたところ、妻から「SNSを使ってみては？」とヒントをもらいました。外から私の活動を見ていた妻は、Facebookを使って情報発信したほうが本当に必要な人たちと繋がれるかもしれないと思ったようです。

妻にFacebookの設定をしてもらうと、すぐに馬好きな人や引退馬に興味を持っている人を探していきました。驚いたことに、馬の行く末を気にする人は多く、中には大きな引退馬保護団体の会員という人にもたどり着きました。そんな団体があることを初めて知った私は、すぐに大きな団体へ手当たり次第に連絡を入れました。しかし、引退馬の引き受けにあたってはいろいろと条件があるようで、飛び込みで引退したら馬を預かって欲しいと話しても、まともに取り合ってもらうことはできませんでした。

どの団体も同じような感じだったので、保護団体はいったん諦め、Facebookで馬を飼育できる個人を探すことにしました。しかし、メールのやり取りまで行っても、ほとんどが冷やかしや怪しい業者ばかりで、まともな人が見つかりません。

今思えば、いきなり、私の愛馬を最後まで面倒みてほしいと連絡がきたら、どんな相手でも怪しい人だと思って警戒するでしょう。きちんとした人と繋がることができなかったのは自分のほうにも原因があり、やり方そのものも間違っていたのです。そのことに気づいた私は考えを切り替え、自分の思いや願いをきちんと言語化し、人に理解してもらいやすい形にまとめてから伝えることにしました。

今までの私の活動をきちんとした形で投稿し、私がどういう人間で、どのような考えに基づいて活動しているのかを明らかにしようと思ったのです。それらを通じて私の活動を知っていただき、その上で協力したいと申し出てくださる人と繋がろうと考えました。

最初は何を投稿すればよいのかよくわからず、見る人が興味を持つかもしれないとプロフィールに「馬主」と書いて、愛馬の様子などを投稿していました。すると、本物の馬主だと認知されたらしく、今度は急に変なメッセージが大量に届くようになってしまいました。それが怖くて一時は1年以上Facebookを放置していたこともあります。

ただ、その間も、北海道から九州まで馬を飼育してくれそうな人を探し求める活動は続けました。中には「そういう人がいたら連絡しますよ」と言ってくれる人もいましたが、実際に連絡が来ることはなく、時間だけがむなしく過ぎていきました。

そんな中、私の人生に大きな影響を与える痛ましい事故が起こったのです……。

2章

愛馬フロリダパンサーの事故で命の執念に触れる

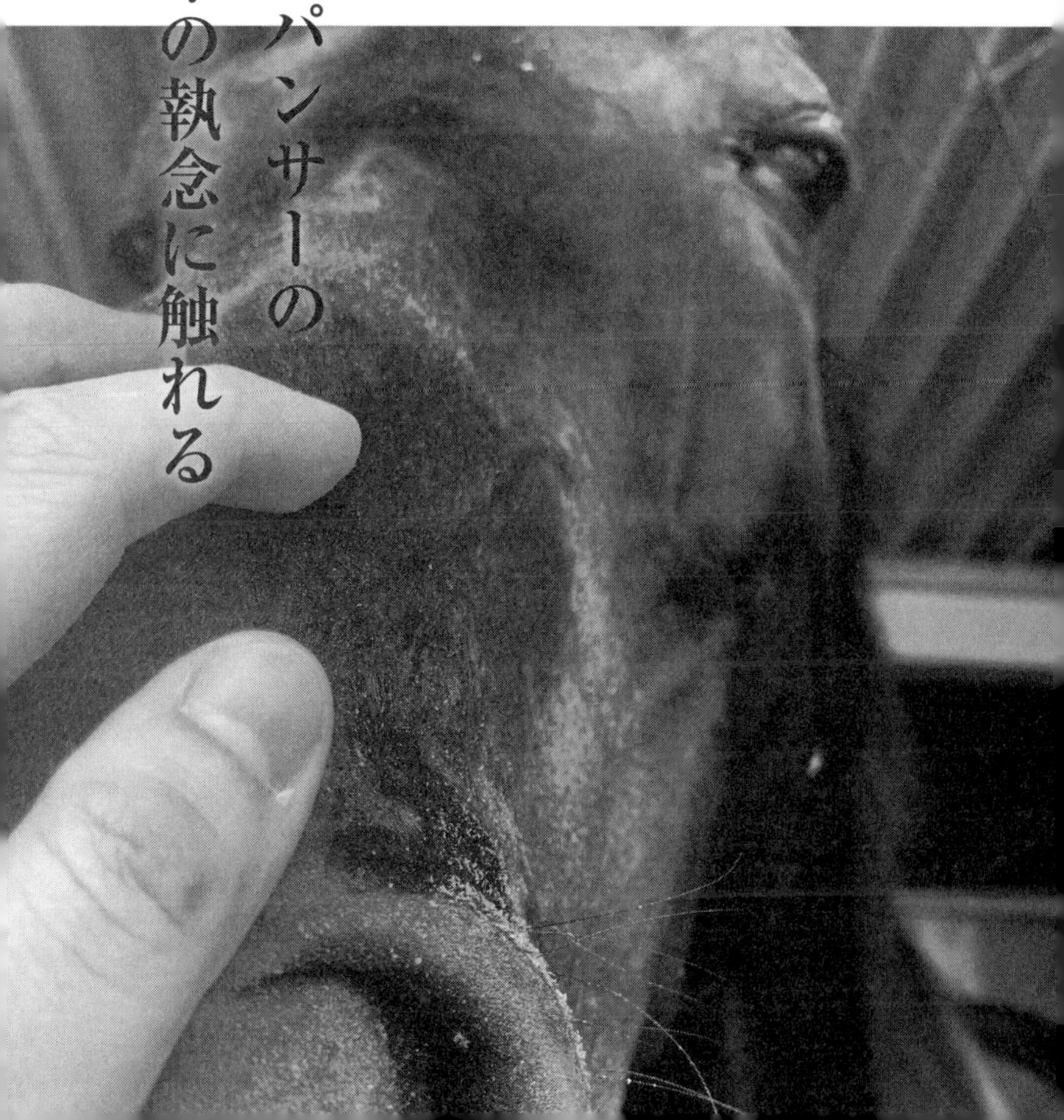

全員に「助からない」と言われたフロリダパンサー

2019年2月7日、笠松競馬第9レース。

私にとってこの日は、一生忘れられない大事な日です。

2018年1月に購入し、調教師さんには「無理をさせずに大事にしてあげてください」と、お願いをしながら見守ってきたフロリダパンサー。オープン競走という、その競馬場で上位の馬達が出走するレースで勝ち星を重ね、重賞レースに十分手が届く活躍を見せていました。しかし、重賞レースでは過去2回とも不運が重なり、連続で2着。調教師さんからは「今回は一番調子がよさそうなので、期待しててください！」と連絡をもらい、私自身〝3度目の正直〟という気持ちで、埼玉の自宅から岐阜にある笠松競馬場まで行って、自分の目で優勝を見届けるつもりでした。

順調にスタートしたかに見えたレースでしたが、終盤の第4コーナー手前で異変が起こります。突如走りが乱れ、立ち止まったフロリダパンサーの右前脚を見ると脚先がぶらぶらしており、骨折しているのは明らかでした。よたよたとなんとか3本脚で立っている姿に、〝安楽死処分〟という言葉が脳裏をかすめましたが、そんなはずはないとどこかで思う自分もいました。

馬が故障した際に乗せる緊急用の馬運車が馬場を走り、フロリダパンサーをつれていきます。私はその様子を見てやっと我に返り、客席を飛び出して馬運車を必死で追いかけました。

馬運車は、次のレースに出走する馬が待つ待機所の関係者エリアに停まっていました。スタンドから汗だくになって走ってきた私に、調教師さんが駆け寄って来ます。彼から言われたのはやはり「獣医が安楽死させるしかないと言っています」という厳しい現実でした。その後、獣医からも直接説明を受けましたが、もはや私の頭の中は真っ白で、何かを考えられる状態ではとてもなく、その時のことはほとんど覚えていません。唯一、その場に集まっていた専門家たち全員が「もう助からない」と言っていたことだけが耳に残っています。

長年馬に関わってきた関係者たちが全員諦めるほどの状況なら、私も受け入れるしかない……。

ならばせめて逃げずに命の最後を見届けよう。そう思った矢先「ガンガン‼」と、馬運車からもの凄い音が聞こえてきました。

急いでフロリダパンサーのもとに走ると、そこで私が見たのは、痛みと必死に戦いながら、涙を流して壁を蹴る彼の姿でした。

「馬は自分が殺されることをわかっている」馬の世界ではそういったことをよくいいます。馬運車の中のフロリダパンサーは、間違いなく自分の命が消されようとしていることに気づいていたのでしょう。

馬が涙を流している姿を、私はこの時初めて見ました。そしてその涙を見て、早く楽にしてあげることが彼のためだと思ったのです。

せめてもの別れとして、最後にフロリダパンサーに触れようと彼に近寄った時のことでした。涙があふれた彼の大きな目と視線が合った瞬間、力強い意志と想いが飛び込んで来ました。

「僕は生きたい！」

それはまさにフロリダパンサーの命の執念でした。そのあまりにも力強い視線に、私は稲妻に打たれたような衝撃を覚えました。

「パンサーはまだ諦めてない。生きたいと必死で訴えている！」

すぐに獣医と調教師の元へ行き「治療してくれる人を探すから待ってください！」と頼み、手当たり次第に電話をかけました。調教師、牧場関係者などひたすら電話をかけ続け、あっという間に30分が経過しましたが、大怪我をした馬の治療に詳しい獣医師や施設を知っている人はそういません。そうこうしているうちにも、待機している10人ほどの関係者から「早くしろ」という無言のプレッシャーが飛んできます。中には「助からないんだから早くしろよ！　帰れねぇだろうが！」とあえて聞こえるように文句をいう人もいました。

馬を助けようとしているだけなのに、どうして悪者扱いされなければいけないのか……。怒りと悲しみを抱えつつ、悔し泣きながら電話をかけ続けましたが、結局、自分の知っている人の中にはフロリダパンサーを救ってくれそうな施設と縁のある人はいませんでした。

Facebookのわずかな縁がフロリダパンサーの命を繋ぐ

「諦めるしかないのか……」呆然とスマホの画面を見つめていた時、ふとFacebookのアイコンが目に止まりました。Facebookで繋がっているのは直接会ったことのない人ばかりで、ほとんどはどこの誰かもわかりません。それでも何かに促されるように押してみると、たまたま一番上に表示された大津剛さんの投稿が目に留まりました。

大津さんは調教師になることを目指して船橋競馬場で働いている方で、いつも明るい投稿をされていたことが印象に残っていました。落ち込むようなことがあった時にも、彼の投稿に元気づけられることもしばしばだったからです。

「ひょっとしたら、この人なら誰か知っているかもしれない」

それまで一度も連絡したことがなかったにも関わらず、なぜか大津さんなら助けてくれそうな気がして、すがるような思いで電話をかけてしまいました。

「はい、大津です。えっ？　林さん？　どうしたんです？」

手短に挨拶を済ませ、取り急ぎ状況を説明しました。事態の深刻さをすぐに理解した大津さんは「保護活動も積極的に行っている方を知っているので連絡してみます」とすぐに動いてくださり、折り返し連絡が来るまでいったん電話を切って待つことになりました。

時間にしてほんの数分。しかし場の空気は最悪で、私は祈るような思いでスマホの画面を見つめ続けていました。必死に壁を蹴る馬、早くこの場を切り上げたい関係者、馬を救いたい私……。気持ちだけが焦って心が張り裂けそうなのに、何もできない。ジリジリとした時間が過ぎる中、突然スマホが鳴りました。慌てて飛び出た相手は大津さんではありませんでした。

「もしもし、林さんの携帯ですか？　バジガクの野口といいますけれど、大津さんから連絡をもらって電話しました」

私はびっくりして言葉が出ませんでした。バジガクこと馬事学院といえば、日本でトップクラスの馬の学校であり、その学長を務める野口佳槻さんが直々に電話をくださったからです。ご縁が繋がったことのありがたさと、はやる思いでぐちゃぐちゃになりながら、私はフロリダパンサーの状態をできるだけ細かく、そしてなんとか命が助かるようにと願いながらお伝えしました。

「それはかなり厳しい状況だと思います。まず、馬運車で岐阜から千葉までの長距離輸送に馬が耐えられるかが一番の問題です。治療をしても助かる可能性は低いですし、治療費もかかります。さらに馬が何日も苦しんだあげく、最終的に安楽死という決断をくださないといけない可能性もありますよ」

怪我や故障をした馬たちを数多く助けてきた野口さんの言葉は冷静で、重いものでした。

「ただ、林さんにその覚悟があるならば、こちらも全力で協力します。どうしますか?」

最後の野口さんのこの言葉に、心が震えずにはいられませんでした。すでにフロリダパンサーの目を見た時から私の覚悟は決まっていました。「お願いします!」と即答して電話を切ると、野口さんからの指示を獣医と調教師さんに伝え、治療に向けた処置を依頼しました。

バジガクから馬運車が迎えにこられるのは1週間後。それまでなんとか無事に過ごせるよう、応急処置として脚をギプスと包帯でぐるぐる巻きにし、厩舎で待機することになったのです。

バジガクの馬運車が笠松に来るまでの1週間、フロリダパンサーはずっと激痛に耐え続け、どうにか3本脚で立っているという状態でした。なんとか辛い1週間を乗り切り、馬運車が到着しましたが、今度は厩舎から馬運車まで歩き、ちゃんと乗せることができるのか、それが最初の試練でした。担当の厩務員さんがフロリダパンサーに寄り添うと、彼はその意味を理解したのか厩務員さんに合わせて少しずつ馬運車に向かって歩いて行きます。厩務員さんも馬のペースに合わせて少しずつ進み、なんとか馬運車に乗せることができました。心配されていた千葉までの長距離輸送にも耐え、万全の体制で待ち受けるバジガクのもとにとたどり着いたのです。
到着直後のフロリダパンサーは痛みからなのか、あるいはまったく知らない場所へ連れて来られた不安からなのか、目にはあの時と同じようにたくさんの涙があふれていました。到着するやいなや、野口さん指揮のもと、獣医や装蹄師（馬の脚を管理する人）がすぐにフロリダパンサーの容体を診察してくださいました。しかし、馬主の私ができることは結果がわかるまでじっと待つのみ。しばらくたって野口さんからかけられた言葉は
「想像以上に酷い状態です。治る可能性はかなり低いので覚悟だけはしておいてください」というものでした。

苦しみながらも危機と闘う愛馬フロリダパンサー

歩くこともできず、ただ痛みに耐えながら3本脚で立ったり座ったりを繰り返すだけのフロリダパンサー。

普通の馬なら痛みに耐えきれず、暴れた拍子にさらに脚を痛め、それが原因で亡くなることもあると聞きました。また、馬が治療を受け入れられず、人間との信頼関係が築けぬまま息を

引き取るケースも珍しくないといいます。

「相当な痛みがあるはずだから、ひょっとすると耐えられないかもしれない……」

これまで数多くの馬を見てきた野口さんの口からこぼれたひと言が、ことの重大さを物語っていました。そんな私のやきもきする心とはうらはらに、フロリダパンサーは激痛にもひたすら耐え続け、馬房での生活も暴れることなく、おが粉の膨らんだ部分を上手に使って自分で体制を整え、おとなしく寝起きを繰り返していました。

さらに、スタッフさんや獣医さんをはじめ、バジガクの関係者がそれぞれ口々にほめていたのは、フロリダパンサーが治療の意味や目的を正しく理解していて、人が行う処置を嫌がらずにすべて受け入れる態度を見せていたことでした。本来、動物は、痛みを感じる部分を人に触られると嫌がるものです。ひどいことをされるに違いないと思い、身を守るために攻撃したり、警戒したりするのです。ところがフロリダパンサーは人間を信用し、激痛でつらいはずの脚を、嫌がらずに人に触らせ、おとなしく治療を受け入れていたのでした。

しかし、すべてが順調だったわけではありません。

馬は4本の脚を使って歩くことで健康を維持しています。脚は血液の循環にとって重要な役割を担っており、4本の脚で歩けなければ、その分だけ血液が体全体に届きにくくなります。さらに、地面へ脚をつけるのがやっとという右前脚は、血液が十分に行き渡らなければ壊死する可能性がありました。そうなったらもう助けることはできません。右前脚をかばっている分、他の脚や体に負担がかかっている可能性も捨てきれず、それがもとで別の場所を痛めてしまう可能性もあります。4本脚で立つべき馬が3本脚で立っている状態は、それ自体命の危険が付きまとうことなのです。

ただ、普通の牧場なら馬の体力に任せ、経過を見守ることしかできませんが、バジガクでは腕のよい装蹄師に依頼し、少しでも脚を地面につけ、血液循環を促せるよう工夫が施されました。装蹄師は、馬の脚を管理する専門職で、いわば馬にとっての生命線ともいえる大事な場所を知り尽くしたプロフェッショナルです。

体重500kg近い馬には、普通に立っているだけでそれぞれの脚に100kg以上の負荷がかかっています。歩いたり走ったりすればその力はさらに大きくなります。そんなハードな環境でも再び歩けるよう、脚をもとに戻すには、右前脚にかかる負荷を和らげつつ、少しずつなじませていくしかありません。そのためには、爪の長さや角度なども重要になってきます。

また、装蹄師は脚の管理とともに、蹄《ひづめ》に取りつける蹄鉄《ていてつ》と呼ばれるパーツの調整も担当します。蹄鉄は、人間でいう靴にあたるもので、競馬場で力強く走っても蹄を痛めないよう、ほぼすべての競走馬に取りつけられています。蹄鉄はアルミニウム合金材でできており、それぞれの馬の脚に合わせて調整される完全オーダーメイド品です。

野口学長やスタッフ、獣医、装蹄師が一丸となり、どうすればフロリダパンサーが地面に脚をついた時の痛みを軽減できるのか、そして、どうすれば痛いというトラウマを克服できるのかについて綿密に話し合いがもたれ、専用に調整したオリジナルの蹄鉄をつくることとなりました。

彼らの出した答えは、脚が地面に付いた際の患部への衝撃を吸収するためにクッションをつけ、さらにかかとの高さを出すというものでした。人間でいうなら、脚の怪我が治るまで、クッション性のある高性能な松葉杖で生活するようなイメージです。幸いなことに、この蹄鉄がフロリダパンサーには合っていたようで、少しずつ立っていられる時間が増えていったのはうれしいことでした。

最初はかなり大きく、がっちり固めたギプスをつけていた右前脚も、少しずつ軽くやわらかなものに交換されましたが、まだ靭帯は繋がっていません。フロリダパンサーの右前脚の靭帯は完全に断裂したわけではなく、ギリギリ繋がっているような状態だったこともあり、さらに治療が困難だったのです。

ギプスによる固定で少しずつよくなってきたのは朗報だったものの、果たして正しい形で繋がるのかどうか、それも問題でした。右前脚が棒のような状態で固まってしまえば、ほとんど曲げることができません。これは最悪のケースとして想定されていました。3本脚のままに比べれば命の危機はだいぶ後退したかに見えますが、彼らは生まれながらに走ることを宿命づけられたサラブレッドです。自分の脚に違和感を覚えたまま暮らすうちに、他の場所に痛みが出るなど不調を感じ、歩くことを放棄してしまえば取り返しがつかない事態になります。血液の循環がうまくいかず、死に至る可能性もあるからです。そのほかにも、想定できる最悪のケースはいくつもありました。神経は直接目に見えないだけに調整も難しく、後はフロリダパンサーの回復力に託すよりほかなかったのです。

関係者が一丸となって見守ってくださる中、その気持ちに応えるかのようにフロリダパンサーは着実に回復していきました。そして、バジガクに来てから半年後、ついにフロリダパンサーはギプスを外し、自分の４本脚で立つことができたのです。それはまだ馬房でのことでしたが、右前脚に体重がかけられるようになったことで血液循環が改善し、右前脚が壊死する可能性は回避されました。

自分の脚に体重がかけられるようになったことで、フロリダパンサーは以前よりも自信にあふれた姿を見せるようになり、馬房の中で脚を引きずりながら歩く様子も見られるようになりました。

命の危機を越え、馬本来の歩き、走る姿を目指す

それから程なくして、馬房の外でリハビリ運動が始まりました。人間なら半年間ずっと病室のベッドで寝たきりだったような状態ですから、体を動かすにしても、まずは少しずつ歩くところから。それは馬も同じでした。

建物内の通路数十メートルほどを、一歩ずつゆっくりと焦らずに歩くフロリダパンサー。健康な馬なら歩けばほんの数秒の距離を、10分以上もかけて歩ききりました。もし途中で何かに驚いて暴れ、患部を痛めてしまったら、これまでの苦労や努力が水の泡です。馬を引く人もまわりのスタッフにとっても、かなりの神経を使う作業だったことでしょう。

そんな緊張感のあるリハビリ生活は2か月にも及びました。

バジガクの先生が直々に担当し、歩くのにどれだけ時間がかかろうとも、急かさずに付き合ってくださいました。また、その時の馬への姿勢は徹底していて、

・無理をさせない
・急かさない
・怒らない

・歩けたら褒める

という4つを基本とし、徹底的に向き合うというもの。そのおかげで、フロリダパンサーは今まで以上にスタッフの皆さんに心を開くようになり、リハビリにも前向きに取り組みました。生死をさまようほどに痛かったはずのレース直後の経験に比べれば、リハビリ自体は十分耐えられるものだったのでしょう。歩ける距離と速度は日に日に伸びていきました。脚を引きずり、歩き方には多少の違和感は残るものの、不安視されていた脚の神経も問題なく回復していきました。

リハビリによって、痛みや不自由さよりも歩けるうれしさが上回るようになると、どんどん馬房から出たがり始めました。そればかりか、リハビリ中に好みのメス馬がいるとアピールするようにもなったのです。これは私も驚いたのですが、彼は大の〝メス馬好き〟だったようで、メス馬が近くに来ると興奮するように……。

放牧場にタイプの子がいた時は、気分が盛り上がり過ぎ立ち上がってアピールしてしまい、着地の際に患部に負荷がかかって痛がる始末。慌てて獣医に診てもらい、数日間は馬房で様子をみることになりました。

「フロリダパンターがメス馬に興奮して立ち上がってしまい、脚を痛めたので少し安静にさせます」

バジガクの担当さんから電話があった時は、一瞬焦って無言になりましたが、すぐに吹き出してしまいました。

「あれだけ大変な目にあったのに、何をやってるんだあいつは……」

そう笑って話せるようになった喜びは、今でもよく覚えています。

数日後、リハビリを再開するにあたり、フロリダパンサーにはあらたなルールと対策が加えられました。

・リハビリ運動中は、メス馬がいるところに行かない

・外に馬がいない時にリハビリをする

というものでした。これだけ手間のかかる馬を見捨てずに預かってくれる施設はそうあるものではありません。どんなに大変でも1頭の馬と向き合ってくださるバジガクの関係者の皆様には本当に感謝しています。

さて、リハビリが始まって1年がたつと、冬場に古傷がうずくように見える以外は、故障前と変わらないような雰囲気になり、大怪我をしたことに対するトラウマも残っていませんでした。そこでバジガクの皆さんと協議した上で、今までよりも広い放牧場へ出すことを決めました。

通常、馬は広い放牧場に連れて行くと、嬉しくていつもより走り回ります。この時、脚をひ

ねったり、勢い余って柵に激突したりして、怪我をすることもあるのです。健康な馬でさえそんな具合ですから、これまで1年間ずっと安静に過ごしてきたフロリダパンサーがどれほど興奮するかはまったく予想がつきません。ひょっとしたら……と悪いほうに妄想が広がりつつも、せっかく元気になってきたのに放牧に出さないのは、馬の体力的にも精神的にもよくありません。私たちは思い切って放牧に出してみることにしたのです。

冬のよく晴れた日の朝。寒さも少し和らいでいて、絶好の放牧日和。フロリダパンサーのためだけに開放してもらった放牧場へ、彼は元気よく飛び出していきました。何回も飛び跳ねては走り回り、寝転んでは砂遊びするなど、元気いっぱい。

その光景を見た私は、ただ涙を流すばかりでした。嬉しさ、喜び、今までの苦労、そして関係者の皆さんへの感謝の気持ち、さまざまな感情があふれ出してきて、とても言葉にはできません。そして、何よりも強く感じたのは、愛馬フロリダパンサーへの感謝でした。

「絶対に助からない」

「馬のことを考えて楽にしてやれ」

関係者全員から見放され、冷たい言葉をかけられた時、フロリダパンターは激痛に耐えながら、言葉も通じない人間相手に一人「生きる!」と力強く訴えていました。私もつらかったけれど、彼はもっとつらかったことでしょう。しかも、せっかく痛みに耐えても、治療がうまくいかなければ結局安楽死になってしまっていたかもしれないのです。実際その可能性は非常に高く、彼と私、まさに人馬一体の賭けでした。

もし安楽死になってしまったら、私は〝自分の都合で愛馬を無駄に苦しめて殺した〟という現実を受け止められたのだろうか……。私はずっとその思いを心の奥底に抱いたままフロリダパンサーに向き合えずにいました。

しかし彼は、自分の身をもって

「お前の判断は間違ってなかったぞ！」

そう言ってくれたような気がして、私は本当に心が救われた思いでした。

フロリダパンサーとの極限の体験をきっかけに、私の引退馬保護活動は本格化しました。

一馬主である私にとっては、フロリダパンサーはかけがえのない大事な馬です。しかし、それと同じように、日本中で「私にとって、この馬が何より一番大切な子！」と思える人と馬との出会いや、繋がりがあるはずなのです。そのお手伝いができたら、馬はもちろん人にとっても幸せなことは自分が一番よく知っています。

私はそんな出会いをつくることに力を入れ、結果的に命が救われる馬を増やしていけたらと思い、保護活動を始めました。

3章

保護活動が抱える
理想と現実の狭間に悩む

保護してくれるはずの人間への不信と絶望

ある時、調教師さんから「馬を欲しがっている団体がいるけど、紹介しましょうか？」と電話がありました。

引退馬保護に関する情報については、競馬関係者にも広く声をかけ、何かあったら連絡をくださいとお願いしていたからです。

取り次いでもらった先と話をしてみると、お祭りのために地域で馬を飼育しているとのことでした。地域の文化財にもなっているお祭りでしたが、以前から馬の入手に苦労しており、乗馬クラブから譲ってもらうにも1頭200万円近くするため、手が出ずに困ってツテをたどって私のところにたどり着いたのでした。

「私たちの団体は昔から続いてきた地域の祭りをなんとか後世に残せるように、一生懸命がんばって活動しています」

彼らの真剣な想いに打たれるとともに、馬を取巻く現状の複雑さをまた一つ見た思いがしました。

片や競馬界では馬があふれ、次々と処分されていく中で、伝統行事の存続に必要な馬が手に入らず困っている人たちがいる。私はやっと一つ、馬の生きる道を見つけられたと思い、素直に喜びました。団体の窓口を務める方との打ち合わせもスムーズに進み、愛馬が引退したら引き渡すことで話がまとまりました。

そんなタイミングで私の所有する愛馬に怪我が見つかります。

私にとって初めての引き取り先ができていたこともあり、放牧や治療などで再起を図るために無理をさせるよりは、第二の道を歩んだ方が幸せだろうと、引退を決め、早速譲渡の手続きを取ることにしました。数日後、地域の祭りのために馬を飼育している団体の馬運車が引き取りにきて、愛馬は次の〝馬生〟を歩むべく旅立って行きました。馬の管理は団体の代表の家で行うと聞き、安心して送り出したのです。

ところが、それから1カ月もしないうちに窓口の方から電話がかかってきました。送り出した愛馬が死んだというのです。

「ええっ⁉」

一瞬意味がわからず、言葉を失いましたが、一呼吸入れて気持ちを落ち着かせ、相手の話を聞くことにしました。

「2週間ほど前にワラを食べて疝痛《せんつう》（腹痛のこと）を起こし、何日間も苦しんだ上に亡くなりました。私が代表から連絡を受けて駆け付けた時にはすでに手遅れでした……。本当にすみません……」

狐につままれたような思いで聞いていた私は、もう少し詳しく話を聞きたいと思い、いろいろと質問してみました。すると、代表は馬のエサ代を浮かせるために、極限までエサを減らしていたこと。空腹に堪え兼ねてワラを食べてしまっていたらしいこと。また、代表に新しく馬の世話を任された人が日常的に虐待をしていたようで、自分の言うことを聞かないと殴る蹴るという暴力を繰り返し、そのストレスから弱っていたのも疝痛の原因だったようなのです。

死亡してから1週間もたって連絡が来たことにも不信感を抱きましたが、本来代表が連絡すべきところを
「気まずいからお前から連絡しておいてくれ」

とつい先ほどいわれ、それで慌てて連絡したとのことでした。あまりのことに怒りを覚えた私は、そのまま何も知らないふりをして代表にも電話をしてみました。

彼の話は先ほどの内容とはまったく異なり、詳細を知らない私に適当な嘘を重ねて〝不運な事故〟としてすませようという意図が見え見えでした。

「何十年も馬の管理をしてきましたが、こんなことは初めてです。毎日3食しっかりエサを与えていましたし、放牧にも行って元気に過ごしていたのに、なぜこんなことになってしまったのか……。本当に申し訳ない。私にも本当に懐いてくれて、かわいい子だったんですよ。亡

くなってからは写真を飾って毎日拝んでいます。不運な事故でした……」

電話をくれた窓口の人と、団体の代表、どちらが偽りなのかはご説明の通りですが、それにもまして、私の心は次のひと言でポキッと音を立てて折れそうになりました。

「今回の件は残念な事故だったけど、次は気をつけるから別の新しい馬をください」

……。

いったい馬の命を何だと思っているのでしょう。

確かに譲渡した馬は高齢で、競走馬としては成績も落ちてきてこれ以上結果を残すのは難しかったかもしれません。しかし、エサを与えられず、虐待させるために引退させたわけじゃない。次の場所で新しい役割を担い、人の役にたてる新しい活躍の場所があると思ったから、引退を決めたのに……。

「私が定期的に代表の家に行って様子を見てきます。大切にします」

窓口の人のこの言葉を信じ、いい人たちと知り合えたと喜んだばっかりに、愛馬をひどい目にあわせ、殺してしまった……。私は自分の浅はかさと、自分の安易な判断に対する怒り悲しみで胸が張り裂けそうでした。しかし、どれだけ騒いだところで愛馬は戻ってきません。決して取り戻せない現実に対してどうすることもできず、初めて泣き崩れました……。

これが、私にとって引退馬保護活動の世界に絶望していく最初の出来事でした。

信じては裏切られ……。保護界の残酷さ

競馬界で何かトラブルがあった場合、通常はお金を騙し取られるだけなので、時間が経てば傷は癒えていきます。ところが、保護界では、お金だけでなく馬まで騙し取られた上、さらに心も踏みにじられるという、まさに踏んだり蹴ったりの〝三方だめ〟という信じられないことが起こりました。

しばらくは悲しみに暮れて何も考えることができませんでしたが、落ち込んでいてもあの子は帰ってこない……。馬主として、今いる子たちの幸せを考えようと思い直し、活動を再開しました。

しかし、地道に歩き探し回っても時間と交通費がかかるばかりで、ほとんど情報を得ることができません。そこでFacebookを使って事前にしっかり話ができた方だけに絞ってアポを取り、直接お話を聞いて進めていくように変更しました。前回の失敗を踏まえ、直接現地を見て、飼育環境やその人の馬に対する考え方などを確認し、本当に譲渡しても問題ない人なのかどうか

判断してから決めようと思ったのです。

いろいろな人と出会って話をしていくうちに、私は当初とはまったく違う感想を抱くようになっていました。それは「競馬の世界よりも保護活動の世界の方が私にとって残酷」ということでした。

最初の体験以降も、言葉では言い尽くせないほどの悲しい体験が続き、精神的ショックが積み重なっていきました。

「信じては裏切られる」そんなことを繰り返していくうち、私の心はどんどん壊れていきました。

新しく知り合った人から

「大事にしますから譲ってください」

「林さんのこと、これからもずっと応援しています。ぜひ協力させてください」

そう言われてもまったく信用できなくなり、馬に関わる人を見ても、いったい誰を信用していいのかわからなくなってしまったのです。

通常、競馬界にいる普通の馬主は、馬は経済動物であり、走れなくなったら処分、という考えが主流です。一方、自分は処分ではなく、たとえ1頭でも救えるものなら救いたいという真逆の考えを貫いていました。ところが、行動すれば行動するほど、保護界の人たちから心を踏みにじられ、つらい思いをすることばかりでした。これなら、自分の信念を諦め、普通の馬主として割り切って競馬を楽しんだほうがましではないのか……。いや、ひょっとしたら、そもそも馬主なんかやっているからいけないんだ。すっぱり馬主を辞めて競馬から離れたほうがいいのかもしれない……。そんなことも考え始めていました。

持っているだけでお金がかかる、馬の宿命

「この馬、もういらないから潰しておいて。今度はいいのを連れてくるから、馬房1つ空けといてくれ」

「わかりました！　ありがとうございます」

とある競馬場で、レース後に耳にした馬主と調教師さんの会話です。

「潰しておいて」とは「馬肉にしろ」という意味。そんな会話を笑顔で交わすのは、実は競馬界ではそれほど珍しくないやり取りです。ところが、初めてその光景を見た私は、驚きのあまり、その場で固まってしまいました。得も言われぬ気持ち悪さを感じたことは、この先もずっと忘れることはないでしょう。

やり取り事態は法的に問題があるわけではありませんし、他人の決定に対して意見を言う権利が自分にないこともよくわかっています。むしろ「自分が代わりに面倒を見ます」と言えるほど、馬の飼育は簡単なことではありません。それが競馬界の現実であり、保護活動の現状でもあります。

多くの馬主にとって、馬に期待するのは「いかに稼ぐか」ということです。

競馬には、中央競馬と地方競馬という大きく分けて2つの種類があり、それに従って、馬主資格も中央馬主と地方馬主とに分類されます。中央競馬では、普段あまり競馬を知らないような人でも名前を聞いたことのある有名な馬が走ります。ランクの低いレースでも1着の最低賞金は510万円にもなりますし、日本ダービーや有馬記念などのG1レースで優勝すれば、億単位の賞金が入ります。さらに、オス馬の場合、引退後は優秀な血を受け継がせるために種牡馬《しゅぼば》として第2の仕事が待っていることが多いです。有名な例で言えば、ディープインパクトの種付け料金は最終的に1回4000万円にもなりました。種付けは毎年200頭以上のメス馬に対して行われたそうですから、仮に4000万円で200頭種付けをしたとすると、その金額はなんと80億円にもなります。これが健康な限り毎年続くわけです。

馬は血統によって、ある程度の活躍が見込める世界のため、中央競馬ではそんな〝ドリームホース〟を手に入れることを目標に活動している人が多いです。しかし、その分、お金もかかり、毎月60万円近い厩舎の預託料が必要なだけでなく、そもそも馬主になるための審査には、「所得金額が1700万円以上」「継続的に保有する資産の額が7500万円以上」など高いハードルが設けられています。これらの厳しい条件があるため、中央馬主になるのは容易ではありません。

一方、地方馬主の条件は中央に比べれば低く、所得金額も「500万円以上」となっています。そのため、サラリーマン馬主と呼ばれる人も多く、私もその一人です。一般的に馬主と聞くと、お金持ちのイメージがありますが、地方競馬に関していえばそうでない人も多く、私なども条件ギリギリで審査を通りました。馬の購入代金や預託料は、高校時代から15年間貯金し続けたものを切り崩しながら続けています。

地方競馬の場合、1着の最低賞金は20万円（ばんえい競馬の場合）で、各競馬場によって賞金は大きく違います。預託料も各競馬場の調教師さんによってさまざまですが、大抵は18万円～40万円くらいです。中央競馬にしても地方競馬にしても、毎月多額の預託料が必要になるという点では同じです。そのため、人によって馬に対する考え方が大きく異なります。レースに勝てなければ持ち続けるだけ出費が増えるわけですから、手放すことを考えるのですが、その先は今のところ「処分する」「オークションなどで売却する」というのが主流です。中には「引退させて乗馬クラブに譲渡する」というケースや、ごく少数ではありますが「自分で最後まで面倒をみるため養老牧場に預託する」という馬主もいます。

ここで少しだけ私の考えも書いておきたいと思います。

競馬界の内情を知らない人からすれば「馬主が最後まで面倒を見れば、殺処分される馬がいなくなるのでは？」と思うのが当然でしょう。しかし、実際には多くの馬主が馬を手放していきます。それは「馬を持っているとお金がかかるから」というシンプルな考えです。どんなに弱くてもレースに出られているうちは、最下位でも走りきることさえできれば出走手当を受け取れます。これが月の預託料の半分くらいの額で、地方競馬では月2回走る馬が多いため、ちゃんと走りきってくれさえすれば、レースで勝てなくてもどうにか預託料を払うことができます。ところが、引退してしまうとお金が入ってくるあてはなく、預託料で出ていくばかり。一般的な養老牧場に預けた場合でも、毎月10万円程度かかります。しかも、馬の寿命は20～30年といわれており、仮に引退後20年間面倒を見たとするなら、月10万×20年（240月）＝2400万円ものお金がかかります。当然その間には、怪我や病気の治療費のほか、定期的に馬の蹄を削って手入れをするための費用も必要です。

馬主の飼育義務に関する法律はないため、引退後の馬の処遇については馬主が自由に決められます。冒頭のように「処分＝馬肉」にすれば、それなりのお金が入ってきますし、オークションなどで次の馬主に売却することでもお金になります。一方、乗馬クラブへの譲渡は、無料か、よくても少額の謝礼程度で、自分で育てると覚悟すれば毎月の持ち出しが確定します。そのため、金銭的な理由から、処分か売却の二択が主流になっています。

「馬主が最後まで面倒を見ないのは無責任だ」という意見に対し、納得してもらえる答えは絶対に出ません。それが、競馬界と保護界が分かり合うことができない大きな要因でもあります。

馬主が最後まで面倒を見ることを義務づけたらどうなるのか……

私は競馬界と保護界、両方の世界に関わっているため、ここでそれぞれの世界の事情について書きたいと思います。

まず競馬界から見てみましょう。競馬界の側からすれば、もし「馬主が最後まで面倒を見ること」という義務化がされたら、馬主を継続する人が相当数いなくなると思います。種付けで大稼ぎできるような〝ドリームホース〟を所有していなければ、10年以上、毎月出ていく預託料を負担しきれないからです。馬主がいなくなれば、競馬産業の衰退はもちろん、最終的な破綻も十分に考えられます。競馬産業が破綻するということは、日本国家においても大きな問題となります。まず、競馬に関わる仕事は多岐にわたり、そこで働いている人は数万から数十万人の単位にのぼります。その人たちが一斉に職を失えば、周辺産業へのダメージは甚大です。その数の雇用を生み出すのは容易ではなく、もし「国が競馬を廃止したために失業した」という流れにでもなれば、訴訟問題に発展するでしょうし、仮に補償金を出すということになった場合は、人の数が多い分だけ財政的な負担がボディーブローとなって国の財政に効いてきます。

競馬の売上だけを見ても、2020年の中央競馬で約3兆円あり、地方競馬の9122億円と合わせれば、年間4兆円近い巨大産業です。国内でこれだけの売上をつくれる会社は、数十社もなく、税収面から見ても、簡単に潰すわけにはいきません。仮に潰れてしまえば、その分の補填は巡り巡って税金で行うこととなり、さらに国民の理解を得るのが難しくなります。「馬主が最後まで馬の面倒を見るべきだ」という当たり前の意見が通らない背景には、このような事情があるのです。経済面、財政面から見ても、この先、馬主が最後まで馬の面倒を見ることを義務づける方向に話がまとまることは難しいでしょう。

では、保護界側から見るとどうなるでしょうか。

保護界からは「競走馬は人間の都合で競馬の世界に組み入れられている」という視点がベースになります。人の娯楽のために無理やり繁殖させられ、生まれてからはひたすら走るためのトレーニング。言うことを聞かなければ殴ったり蹴ったりすることもあり、体質の弱い馬や、人を乗せられない馬は、デビュー前に処分されてしまうこともあります。

厳しいトレーニングに耐え、ようやく競走馬としてデビューしても、結果を出さなければ明日を生き抜く命の保証はありません。勝っても負けても毎日厳しいトレーニングを行い、怪我や病気のリスクと隣りあわせのまま、文字どおり命を削って走り続ける、にもかかわらず、怪我だけでなく、成績が悪い場合は、厩舎に他の馬を入れる余裕がないから……と、入れ替えのために馬肉にするということも最近では珍しくありません。

「こんなに厳しい状況の中で懸命に走り続けている馬たちに、せめて引退後は幸せな余生を過ごしてもらいたい」

私が見てきた、保護界で真剣に活動している人たちの多くは、そう願っている人が多いように思いました。保護界には馬を愛する人が集まりやすいため、そもそもの原因である競馬に対してネガティブな感情を抱いている人が多く「競馬が嫌い」「競馬を廃止すべき」という人も少なくありません。

私自身も馬が好きだからこそ、引退馬保護活動をしているので、保護界の意見もよくわかります。しかし、競馬界と保護界の両方に深く関われば関わるほど、どちらの考えも正しいけど、どちらか片方の意見だけを受け入れることは、現実的に不可能だと思うようになっていきました。

競馬界は、国や経済に対して大きな役割を果たしているので、重要ではある反面「馬をどう扱おうが人の自由」という発想が主流なため、金銭面が優先され、肝心の馬の命について考える人が圧倒的に少ないことが問題です。重要な産業を支えているのは馬であり、本来なら、産業の中心である馬のことをもっと大切に考えるべきでしょう。

私は競馬界、保護界、どちらか片方の世界だけの味方にはなれません。

もちろん、私自身は人に誇れるような正しい馬主ではありません。当然愛馬を馬肉にするようなことはしていませんが、愛馬をすべて自分で面倒を見ているわけでもないからです。ちゃんと世話をしてくれる人に譲渡したり、健康な馬は新しいオーナーへ売却もしたりしてきました。それに対して「馬を売り買いしている人間が保護活動なんて矛盾している」と、批判の声もたくさんもらいました。そういう意見が出るのも仕方のないことだと受け入れています。

それでも、自分の愛馬だけでなく、他のオーナーさんから相談を受けて引き取り先の牧場を紹介したことも含めると、今まで10頭以上の馬の生きる道をつくってきました。もし、私が批判を恐れて保護活動に躊躇し、普通の馬主のように「買い手が付かなければ処分する」というスタンスでいたら、その馬たちは、すでにこの世にいなかったかもしれません。ですから、たくさんの人に「偽善者！　詐欺師！」と罵られたとしても、私の取った行動は間違っていなかったと胸を張って言えます。

馬の命のために、これからも私なりの考えで馬主と保護活動を続けていくつもりです。

初めてできた、同じ志を持つ馬仲間

すっかり意気消沈し、保護活動に対して夢も希望も持てなくなった私のもとに、一つの希望が訪れたのは寒い冬の日でした。Facebookを開くと、相変わらず「馬をタダでください」という気の滅入るメッセージばかりだったのですが、その中に落ち込んだ心を一気に奮い立たせてくれる熱いメッセージが届いていたのです。その人は、下村エリザベスさんという女性でした。

エリーことエリザベスさんは、沖縄在住。昔から夫の渉さんと一緒に馬に関わる仕事をしてこられた方です。しかし、せっかく入った会社も経営不振だったり、突然の倒産だったりと、不運が続き、なかなか長く勤め続けることができませんでした。しかも、最近まで勤めていた職場はコロナの影響で突然閉鎖が決定。心の準備をする間もなく、それまで世話をしていた動物たちと引き離されてしまいました。

動物全般が好きなエリー。特に馬は大のお気に入りで、担当していた子は休みの日でも職場に来て世話をしていたほど。そんな子たちとの突然のお別れに大きなショックを受け、しばらく何も手に着かなくなってしまいました。

心にぽっかりと穴が開いたまま、何げなくFacebookを開いても、やっぱり見るのは馬に関する情報ばかり。ぼーっと眺めていた時に、飛び込んで来たのが私の投稿でした。

彼女はそこから私の過去の活動をすべて読み漁り「馬の幸せに向けて、たった一人でがんばっている人がいる。ぜひ話をしてみたい！」と私にメッセージを送ってくれたのでした。

当時の私は、どうせ人を信用してもまた裏切られるに違いないという思いが強く、その怖さから新しいメッセージが届いてもほとんど読まずに放置していました。ところがなぜかエリーの文面だけはすっと心に刺さり気になっていたのです。

それから数日たってもエリーの文面が気にかかったままだったので、勇気を出して返事をしてみました。何通かやり取りをしたあと、電話をすることになり、まだ会ったこともないのに気がつけば2時間近くも夢中になって話しをしていたのです。

彼女は私の活動すべてに目を通し、つらい思いをしてきたことに自分の体験を重ねたようです。そして、何度も信じては騙され、落ち込んでは立ち上がり、今なお活動を続けている姿に励まされ、自分も前を向いて行く決心がついたとのことでした。

「私も馬のためにできることは何でもしたいです。今は自分の牧場を持つという夢に向かって頑張る覚悟もできました！　本当にありがとうございます！」

そういってエリーは電話を切りました。

それからわずか1週間後、またエリーから電話がかかってきました。興奮ぎみに話す彼女は、夢である養老牧場の設立に向け、クラウドファンディングに挑戦することを決めていました。前回の電話で、資金が足りないならクラウドファンディングを活用することもアイデアの一つと提案してみたのですが、まさか1週間後に本気で準備を進めているとは思いもしませんでした。

彼女は持ち前の熱意と行動力で、事前の審査を通し、企画についてあれこれ相談を受けながら、1か月ほどでクラウドファンディングの立ち上げにこぎつけたのです。

目標金額は250万円。引退馬保護に関する企画は注目こそされてはいるものの、今までまったく実績のない個人がそれだけのお金を集めることはまず困難です。しかも、エリーが選んだクラウドファンディングは、その性格上、目標金額に達成しなければ支援金は1円も入ってこないというものでした。

しかし、エリーが高いハードルを設定したのは、彼女なりの理由があってのことでした。少ない金額ならば達成は可能でも、馬たちが安心して生活できる場所をつくるにはいずれ資金的な問題を抱えます。

「しっかりとした養老牧場をつくるためには、難しい挑戦でも立ち向かっていきます。それを教えてくれたのは林さんですよ」

そう言われた時、私の中で何かが弾けました。

信じて裏切られる怖さより、この人を全力で応援したい！

私はエリーを信じ、彼女の夢、そして自分の夢のためにも、全力で応援することを決めました。

エリーが立ち上げた企画は「沖縄初の養老牧場」「サラブレッドに縁がない沖縄での挑戦」など、話題性もあり、ネット上でも注目されていました。彼女の熱意は支援者一人ひとりの心に響き、〝無名の個人〟に対して寄せられた510人もの支援によって目標は見事達成されたのです。

しかし、そこへいたる道のりは決して平坦ではありませんでした。

情報発信においてSNSの力は大きく、その重要性を理解したエリーは毎日寝る間も惜しんで投稿し、質問があればどんなささいなことでも丁寧に答え、支援者からのメッセージにもすぐに対応していました。

また、注目されるということは、それだけ多くの人に広まり、いろいろな立場の人が目にすることでもあります。中には、批判することが楽しくて書き込みを入れる心ない人もいて、エリーの投稿にいちいち揚げ足取りをすることもありました。

真面目なエリーはどんどん増える心ない発言や、それらを繰り返す人たちが怖くなり、一時はスマホを見ることすら苦痛に感じることもあったそうです。それでも彼女を支えたのは、家族や支援者たちの励ましに加え、牧場を立ち上げて馬を救いたいという夢をかなえるための強い思いでした。

歯を食いしばってやり遂げようとするエリーの姿を見て、私も自分の保護活動にちゃんと向き合い、しっかり続けていこうと、当初の思いを取り戻すことができました。

無事に目標を達成し、お祝いの電話を入れた時、彼女は開口一番こういいました。

「牧場が完成し、馬を迎え入れられるようになったら、必ず林さんの愛馬を受け入れたいと思います。ぜひ声をかけてください」

今までこんなにも信頼できる人はおらず、この先もめったなことでは出てこないだろうと感じていた私は、ありがたく、そしてその日がくることを楽しみに思っていました。

4章

引退馬の〝最期〟を任される肥育場

救われた馬が余生を過ごしていた乗馬クラブ

それから数か月後、ある乗馬クラブを運営されているKさん夫妻と知り合うご縁がありました。

この乗馬クラブはご夫婦が設立したＮＰＯ法人によって運営されていましたが、料金が低く設定されていることもあってクラブの存続は常にぎりぎり。スタッフを雇う余裕はなく、ご夫婦はそれぞれ別の会社で働きながら、乗馬クラブと掛け持ちでなんとか切り盛りされていました。

「馬のよさを多くの人に知ってもらい、馬を大切に思う人が増えれば、救われる馬も増えるはず。そう考え、馬への理解者を一人でも多く増やすために活動している」とお二人はおっしゃっていました。

誰でも気軽に乗馬ができるようなシステムにしていることから、小学生からご年配まで、代わる代わる利用者が訪れ、朝から晩まで予約がいっぱいです。これは手ごろな料金設定だけでなく、ご夫婦の人柄によるものだろうとすぐに気づきました。

実際、レッスンの合間の休憩になると、ご夫妻の周りには常に人が集まり、にぎやかな笑い声に包まれていたからです。また、会員の人たちもクラブの運営が厳しいことは十分承知のようで、レッスンを受けに集まる人全員が何かしらの差し入れを持参していました。

客だからと尊大な態度を取る人は誰もおらず、ご夫婦も会員の人たちも、お互いに感謝し合いながらクラブを大切に思っていることが私にもひしひしと伝わってきます。

会員の皆さんが帰った後、私は旦那さんと引退馬問題についてお話をさせていただく機会を得ました。そこで私は生まれて初めて、馬のための肥育場と呼ばれる施設があることを知りました。

肥育場は、文字どおり肥えさせるために馬を育てる場所。競争成績が悪い、怪我をした、気性が荒いなどさまざまな理由で行き場をなくした馬たちが、肉にされる前に連れて来られる施設です。最近は競馬界が異常ともいえるバブル状態のために馬があふれかえっており、すぐに引退させられ、肥育場に連れてこられるのだそうです。

競走馬は走りに特化した〝アスリート〟ですから、余分な脂肪は少なく筋骨隆々。そのままでは肉質が劣るため、肥育場では引退後の競走馬に安くてカロリーの高いエサを食べさせ続け、さらにたくさんの馬を馬房に詰め込んで運動させずに太らせます。そして、いい具合に脂肪のついた頃合いで工場に出荷し、馬肉になったり、動物園の肉食動物のエサとして卸されたりするのです。

「実はこの子、肥育場から引き取ってきたんです」

Kさんからその馬を紹介された時、私は大きな衝撃を受けました。

処分寸前の場所から救い出した馬が、乗馬クラブで多くの人々を乗せ、みんなにかわいがられている……。

その事実とKさんの行動力に対して猛烈に感動した私は、肥育場について、Kさんに前のめりになって質問を続けました。すると、Kさんから思わぬ提案があったのです。

「林さん、もし現実を知る覚悟がおありなら、肥育場の存在も知っておいたらどうでしょうか?」

それまでずっとニコニコしていたKさんが、その瞬間だけ緊張感のある表情になったことに彼の馬に対する真剣な覚悟を感じました。そして、私の覚悟次第ではつらい現実を直視できないかもしれず、安易な気持ちでは行かないほうがいいと、気づかうKさんの思いやりにも感謝しました。

私は競馬界にたくさんいる〝馬は経済動物〟と簡単に割り切れるタイプではないので、つらい現実を見ることに対して真剣に悩みました。と同時に、現実を見たところで私一人では何も変えられないこともわかっていました。

さんざん悩んだ後、この先も保護活動へ真剣に取り組むのなら、やはり現実を知らなくてはいけないと覚悟を決め、肥育場を訪ねることを決意したのです。

〝食肉〟としての馬の現実、肥育場をこの目で見る

Kさんは肥育場の社長に掛け合い、部外者である私にも特別に肥育場を見学させていただける許可を取りつけてくださいました。ただし、社長は当日、用事で同席できないとのことで、Kさんと私のふたりだけで回ることになりました。

見学当日、肥育場に向かう車の中で、私は先日よりもさらに詳しく、肥育場についての情報を教えてもらいました。

馬が肥育場に来るまでの大きな流れや肥育場での生活、その後の馬の行方など、Kさんが知る馬に関するつらい現実について、私のことを気づかい、できるだけ感情を抑えて淡々と語ってくださったように思います。

車が肥育場に着き、中に入ってみると、自分の頭に思い描いていた暗いイメージとはまったく異なり、個人の牧場を思わせる、とても穏やかな雰囲気に包まれていました。私は少し拍子抜けしつつも、それが「せめて最後は馬のストレスを減らしてあげたい」という社長の考えにもとづいていると聞き、Kさんが紹介する施設だけのことはあると、一人納得しました。

社長のこの考えはいたるところに見られ、6頭以上は十分に入るような広い馬房に2~3頭

程度が割り当てられ、馬はのびのびとしています。中には広さのあまり走り回って友だちと遊んでいる子もいたほどです。

さらに、一軒家の庭のような日当たりのよいサンシャインパドックまで完備されており、そこにいる子たちはストレスなく過ごせているせいか、顔つきも穏やかで、私が近寄ると顔をなでさせてくれましたし、遊んで欲しそうに目を輝かせていました。

事前に聞いていたイメージと違い過ぎて、ここが肥育場だということも忘れ、しばしの馬との触れ合いを楽しんでいた私ですが、すぐに現実に引き戻されました。一番奥の馬房についた瞬間、空気が一変したからです。

そこにいる馬はみな、一様に覇気のない顔で立っており、まったく動こうともしません。この馬房に入った馬は工場への出荷を待っている状態だと聞き「ここは肥育場だった……」と一気に現実へ引き戻されてしまいました。

馬房にあるエサの量も他の子たちと遜色なく、毛並みや体調も取り立てて悪そうな感じはしません。しかし、馬たちはここにいる意味をちゃんと理解しているとしか思えなかったのです。

今までこの場所から連れて行かれた仲間たちは二度と戻ってはこない……。

自分も近いうちにどこか別の場所へ連れて行かれるだろう……。

それを察してか、みんな沈んでいたのかもしれません。

私がボーッと見ていると、そのうちの1頭が、のそりのそりと私の前に来て、服を引っ張ります。まるで「助けて！」と言われているようで、胸がギュッと締め付けられる思いでした。何もできない自分が申し訳なく、心の中で馬に謝りながら、ただ顔をなでてあげることしかできませんでした。

肥育場を見た直後に感じたのは、引退馬たちに待ち受ける現実と、それに対する自分の無力さです。服を引っ張ってきた子の感触は、今も消えることなく自分の中に残っています。

肥育場から馬を救い出すために、自分ができることとは

肥育場の見学後、自分の中から「あそこにいる子たちを1頭でも多く救い出したい」という思いが湧き上がり、いてもたってもいられなくなりました。当時思い描いていた自分の理想は、肥育場から個人的に馬を買い取り、次の飼育場所に無償で世話をしてもらうというもの。今思えばあまりにも無謀なプランでしたが、それくらい必死でした。

まず、知り合いの牧場さん数人に問い合わせてみました。しかし彼らは仔馬を売ったり、預託したりすることで生活しているため、ペットとして馬を飼うことはできず、もし病気にでも

かかっていたら、他の馬にも危険が及ぶためとても協力できないとのことでした。競馬界に身を置く牧場さんからすれば、現役の馬のほうがどうしても優先度は高く、引退馬のために彼らにしわ寄せがいくのは受け入れられるわけもありません。彼らの言っていることは至極真っ当で、私もそれ以上何もいえませんでした。

次に私が問い合わせをしたのは、馬を管理している団体です。しかしこちらも〝無名の馬〟には厳しく、取り付く島もありませんでした。そもそも彼らは、中央競馬主催の大きなレースで優勝するような馬でなければ支援者が集まらないという厳しい世界で活動しています。そんな中、身元を証明する健康手帳がなく、名前も経歴もわからない馬が支援金を集められるとはとても思えず、彼らが断る理由も納得するしかありませんでした。

さらに乗馬クラブや、馬を扱う祭りの団体などにも問い合わせてみましたが、誰の紹介もなく、一個人が飛び込みで「馬を引き取って欲しい」といったところで、まともに取り合ってはくれませんでした。

身元がわかっている馬ですら引退後を生き抜くのが難しい現状では、リアルでもネットでも、命を救ってくれる場所は存在せず、思いつく限りの連絡先へ手当たり次第アタックし続けた私にも、これはさすがに無理だとわかり、肥育場の馬を救い出すプロジェクトはいったん諦めることにしました。

しかし、諦めたからといって、すぐに忘れられるほど人は強くできていません。私は目の前で死を待つしかない馬を救えなかったことが、ずっと心残りでした。ふとした瞬間に思い出し、その度にあれこれ考えてはみるものの、どうしてもよい答えは見つかりません。どれだけ考えても答えが出ない問題を抱えたままでは、私の精神も削られこのままではとても持ちません。

「やれるだけのことはやった。でも今は、自分一人の力ではこれ以上何もできない」

そう自分に言い聞かせ、なんとか忘れるようにしました。

人にお願いできないのであれば、自分で解決できないだろうか……

肥育場から馬は救い出せなくても、保護活動自体を諦めたくはありませんでした。自分のできることで何か役に立てないだろうか……。毎日そう考えて生活するようになっていたある日、ふと、自分の養老牧場を持てばすべて解決するかもしれないと思いつきました。そのためにはまずは牧場の仕事や現実を知らなくてはいけない、そう思った私はつきあいのあった牧場のオーナーに掛け合い「自分で馬を管理できるようになりたいので、牧場で1か月間研修をさせてほしい」と頼み込んだのです。これには牧場のオーナーだけでなく、私の家族も驚いたと思います。子どもはまだ4歳になったばかり。1か月も家を空けることを許してくれた妻には、本当に感謝しかありません。

牧場では馬の飼育や管理にまつわる多くのことを学ばせていただいただけでなく、多くの人たちと一緒に協業する際に必要なことや、人間関係の難しさなども身をもって経験しました。何より、馬を飼育することは、人の赤ちゃんの世話と同じくらい、つきっきりで見ていなくてはならない大変なことだとわかりました。

1か月という限られた時間ではありましたが、引退馬を飼育する養老牧場であれば、作業そのものは自分でもなんとかできるかもしれない、そう感じ、次の行動を起こすことにしました。

家へ戻った私は、まず養老牧場をつくるには何が必要になるのか、思いつく限りのものをリストアップし、検討し始めました。牧場にふさわしい土地探しは最も大事な要素であり、ひょっとしたら市役所に何かこういった活動をサポートしてくれるものがあるかもしれないとも思いました。そのほかにも、馬を飼育するための条件や設備、資金など検討の必要な事柄はたくさんあります。

まず懸案の土地については、不動産や地元の農家さんなどに聞いてみましたが、私の家の近くにはもはや牧場に適した広い土地はほとんどなく、唯一見つかったのは廃棄場の跡地のような場所。車や重機、大量の電線やコード、石などがそのまま放置されていて、ここに生えた牧草を食べさせたらむしろ具合が悪くなってしまうのでは……という有様でした。

土地探しと並行し、市役所に協力を仰げないかどうか相談してみましたが、前例もなければ管轄部署がどこになるのかもわかりません。「馬の牧場を建てたいなんて聞いたことがない」と、いろいろな部署をたらい回しになったあげく、最終的に「わからない」ということで話は立ち消えになってしまいました。

しばらくたって、違う自治体なら可能性があるかもしれないと思い、Facebookで繋がっていた牧場オーナーに連絡をとって現地に行き、お話を聞かせてもらうことにしました。山の中腹にある牧場は家を改築して厩舎にし、別棟から厩舎や放牧場など、馬の様子も見られる工夫がこらされた素敵な場所でした。残念ながらさまざまな理由によって閉鎖し、すでに数年がたっているとのこと。設立には5000万円の資金を投じたにも関わらず、売ることも貸すことも考えておらず、今はそのままにしておくとのことでした。

人里からも離れ、馬の臭いなどの問題もクリアできそうに見えましたが、田舎ならではのルールもあり、私が牧場をつくりたいと話すと「地域の人たちに受け入れられるまでに時間がかかるし、その後のつきあいもかなり大変だよ」といわれてしまいました。

場所探し、近隣住民の理解、そして最も大きな壁である巨額の資金。

どれをとっても、本当に大変で、簡単にできることではありません。北海道の牧場なら広さの割に土地代も安く、馬産地ということもあって近隣住民も馬がいるのが当たり前の暮らしをしています。それを自分の暮らす関東近郊でやろうとするのはあまりにもハードルが高いと言わざるを得ませんでした。仮につくれたとしても、そこで利益を出して生活を続けるつもりなら、さらに厳しいハードルが待ち受けています。

妻と小さな子どもがいる身で、単身、馬を飼育できる地方へ移住し、多額の借金を背負ってなおかつ利益が見込めないことを継続する……。これはもはや挑戦ではなく、無謀な行為であり、どう考えても断念するしかありませんでした。

5章

すべてを捨てようとした時、それを拾う人が現れる

何をやっても馬を救える未来にたどり着けない

２０２０年12月。本格的に保護活動を始め約2年が経とうとしていました。ところが、当時の私は馬の世界から離れることを真剣に考えていたのです。

この2年間、私の行動は馬を救うために役立っていたのだろうか……。どんなに一生懸命走っても一向に近づかない「引退馬の行き先をみつける」という目的地に、徒労感とふがいなさとで、胸が張り裂けそうでした。

まず自分にとって精神的に一番こたえたのは、熱心に保護活動に取り組んだことで、馬主としての本来の居場所である競馬界で孤立してしまったことです。Facebook上の私の投稿はありがたいことに多くの人に拡散されていきましたが、同時に競馬界の関係者たちにも広まりました。すると、つきあいのあった調教師さんたちの態度が以前とは明らかに変わり、あからさまに避けられるようになったのです。

ほんの1年前までは、愛馬のふだんの様子を教えてもらったり、レースに向けた対策についてまめに相談をしたりして、勝てば一緒に喜び、負ければその悔しさを次に向けて、これからどうすべきかなどを真剣に話し合ってくれた人もいました。他にも、競馬界や馬について詳しく教えてくれた人や、友だちとして親しくつきあっていた人も、気がつけば私のそばからいなくなっていました。

「馬の命を救いたい」という思いから、保護活動をすればするほど競馬関係者から嫌われ、誰を信じていいのかわからなくなってしまっていたのです。しかも、前述したとおり、私が知り合ったほとんどの保護界の人たちはさらに輪を掛けて悪質で、手を取り合って引退馬保護を広めていくことを誓い合ったはずの信頼していた人たちから次々に裏切られ、私はまさに孤立無援の状態でした。

そんな中で知った肥育場の存在に、私はそこから馬を救い出すための手段として養老牧場をつくることも考えました。しかし、すでに書いたようにあまりにも大きな壁が立ちはだかり、なすすべもありませんでした。結果として私は自らの力で一頭の馬も救い出せていない……。個人で引退馬保護活動を行うことの限界を嫌というほど思い知らされたのです。

この時の私は、馬を救おうとする自分が間違っていたと本気で思うようになっていたほど。もう競馬界や引退馬の保護について考えるのはやめて、バジガクに委託している子たちと楽しく触れ合うだけの生活に変えたほうがいいんじゃないのか、そう考えていたのです。

そんなことを考えながら過ごしていると、バジガクの野口さんから連絡がありました。フロリダパンサーに取材依頼があり、同席しませんかとのお誘いでした。

私はこれを最後の花道にすれば、ちょうど保護活動から身を引くきっかけになる、そう思い、取材を受けることにしました。

2頭と過ごせた最高の時間を精いっぱい楽しむ

身の回りからどんどん親しい人が離れ、孤独を感じても、ぐっと我慢しながら引退馬保護活動を続けていられたのは、アサクサポイントとフロリダパンサーが心の支えになっていたからです。

その2頭が雑誌に取材され、私も彼らと一緒に掲載してもらえると聞き、これはあの子たちが用意してくれた最高の幕引きだと思いました。

取材当日、集合時間より1時間はやくバジガクに着いた私は、アサクサポイントとフロリダパンサーの様子を見にいきました。私にとっては久しぶりの再会です。この日は野口さんの計らいで、2頭は隣同士の馬房に入れられていました。

脚の怪我にも関わらずメス馬に興奮して私たちをひやひやさせたフロリダパンサーは、実は人間の女性も大好き。その反面、男性には厳しく、気分のいい時でなければ触らせてもくれません。そのギャップもまた彼らしくてかわいいのですが、今日はちょうど食事中で、近寄るだけで耳を絞って噛みつこうとしてきました。「ごめんごめん」と謝って早々に退散し、離れて見ていることにしました。死の淵をさまよっていた子が、今は目の前で元気にエサを食べている、その姿を見ているだけでうれしくてたまりません。

隣のアサクサポイントはフロリダパンサーとは違って、人なつっこい性格です。担当の生徒さんがしっかり手入れをしてくれているのが見てすぐにわかるほど、ピカピカの馬体をしていました。

私にとってアサクサポイントはすべての始まりの馬であり、この子がいなかったらフロリダパンサーの事故の時も競馬関係者の言う通り、すぐに諦めていたことでしょう。もちろん保護活動に身を投じることもなかったはずです。

保護活動で辛いことがあると、私はいつもこの子たちに会うようにしていました。私に馬の命の大切さとはかなさを教えてくれた大事な存在であるとともに、この子たちのそばにいる時だけは余計なことを考えず、馬と触れ合うのはなんと素晴らしいことなんだろうと素直に思えたからです。

私が感じているこの馬との友情にも似た思いを、ほかの人たちにも味わってもらえたら、きっと今より救われる馬が増えるはず……。それがＳＮＳで情報発信を始めたきっかけであり、ずっと続けてこられたモチベーションの根源でもありました。

アサクサポイントの体をなでながら、保護活動を始めた当時の頃を懐かしく思い出しつつ、もうこれ以上この活動で苦しむこともなくなる。いろいろな人に傷つけられることもなく、この子たちと平和に過ごす生活になれると思うと、感慨深いものがありました。

ふとスマホが鳴っていることに気づきました。相手は野口さんで、集合時間に私だけがいないと電話をくださったのです。馬といると時間を忘れてしまう自分に改めて苦笑いしつつ、慌てて集合場所に走りました。

人生で初めての取材体験でしたが、インタビューや馬との撮影など慣れないことばかりでも、早朝から馬たちとしっかり触れ合えたおかげで、自然体で臨むことができました。

ふと見ると、アサクサポイントが馬装を整え、スタッフさんに引かれてきます。なんと、野口さんの計らいで、アサクサポイントに乗ったところを撮影するというではないですか。私は驚くとともに、嬉しくて満面の笑顔でアサクサポイントにまたがりました。

実は、馬主であっても現役の間は愛馬に乗ることはできません。しかも、アサクサポイントは足を骨折して引退したため、治療後とはいえ、体重のある私が乗って怪我をさせてはいけないと、今まで一度も乗ったことがなかったのです。いつかアサクサポイントの鞍上で彼と一緒に歩いてみたい、そう思っていた私は思いがけず夢をかなえることができました。

私のような乗馬の素人であっても、教えてもらった簡単な指示を出すだけで馬はきちんと動きます。保護だけでなく、馬たちの新しい能力を引き出すことのできる、バジガクの乗用馬育成技術の高さを実感しました。

長年の夢がかない、大好きな馬たちと一緒に写真も撮っていただき、それが雑誌に掲載される。一般人の私にとっては、もうそれだけで十分ありがたいことでした。貴重な機会を与えてくださった野口さんや雑誌の編集部の方々、バジガクの先生や生徒さんたちには感謝しかありません。

年の瀬に念願の夢がかない、これで思い残すことなく保護活動を終えられる。そう思って私は人生の区切りをつけたつもりでした。

思いがけない大援軍の登場に、再び歯車が回り始める

馬を心から愛する野口さんは、馬と人のために常に先を見越して動いています。そのため、さまざまなところから声がかかり、関係各所からの相談を受けては日本中を飛び回っておられます。

そんな具合ですから、普段はなかなかゆっくりお話することもできません。その日はたまたま取材のために1日空けてくださっていたので、取材スタッフが帰ったあと、私は久しぶりに野口さんと馬談義に花を咲かせました。競馬界や保護界といった立場に気を遣うことなく、心からリラックスして話せる相手は久しぶりで、私は今まで一人で保護活動をしてきたことや、心がえぐられるように辛かった出来事など、溜まりに溜まった馬への思いをすべて吐き出してしまいました。

「今までずっとがんばってきましたが、もう精神的に限界です。この取材を機に保護活動は終わりにしたいと思っているんです。だから、最後にこんな素敵な思い出をプレゼントしてくださり、本当にありがとうございました。ただ、肥育場の馬たちのことだけは心残りでした……」

私は自分の言いたいことをすべて伝え、お礼をいって席を立つつもりでした。

「えっ？　肥育場の馬たちって、なんですか⁉」

大きな声で聞き返した野口さんは帰ろうとする私を引き留め、真剣なまなざしで詳しく尋ねてきます。あまりの剣幕に押され、私は肥育場で見た現実や、苦しかった記憶、そしてその思いに突き動かされてなんとか引き取り先を探そうとあがいたことなどを話しました。

野口さんは私の話が終わるのを待ちきれないかのように、興奮気味に口を開き

「素晴らしい！　うちが全面協力しますから、諦めないでください。一緒にがんばりましょう！」

そういってくださったのです。

私はあまりのことに狐につままれたような思いでした。しかし、野口さんの話を聞くと、どうしてそんなにも熱く反応してくださったのかがわかりました。バジガクは私から見たら雲の上のような存在ですが、これだけ地位を確立した学校であっても、引退馬の保護活動には大変な苦労がつきまとうというのです。それをたった一人でやっているということが野口さんの心を動かしたようでした。

「林さんの勇気と行動力に感動しました。ぜひ私にも手助けさせてください！」

もうやめにしようと素直な思いを吐き出しただけなのに、まさか日本で有数の馬専門の学校が協力してくれることになるとは夢にも思いませんでした。

肥育場という場所は、馬の世界の中でもかなりアンタッチャブルな場所です。馬が殺処分されること自体、「業界のタブー」として、公然と話すことがためらわれる暗部であり、一歩間違えば、競馬界という巨大な組織を敵に回すことにもなりかねません。それゆえ、馬に関わる多くの人が、殺処分の現状や詳細についてはあえて触れようとせず、競馬関係者でも肥育場の場所を知っている人は少数でした。

スマホやインターネットが普及し、これだけ情報化社会が進んでいるにも関わらず、肥育場については詳細や場所も明らかでなく、ほとんどの人が知らずに暮らしている……。まさに、馬の世界のブラックボックスであり、肥育場はその最果ての地でした。

一度は立ち上がった席に座り直し、野口さんととことん話すことになりました。どうすれば保護することができるのか。保護した馬の生きる道をどうやってつくればいいのか。思いつきのような与太話から、現実味のある提案まで、さまざまな案を並べては1つでも実現可能なものはないかどうか、可能性を探っていったのです。

私たちが出した最終的なプランは、肥育場から保護した馬を再調教し、きちんと管理してくれる施設へ繋げる、というものでした。しかし、個人的に馬を買い取り、バジガクで再調教したとしても、救える命は限られており、活動としての広がりも限定的です。

「クラウドファウンディングを使ってみるのはどうだろう?」

突然思いついたように野口さんがいいました。

クラウドファウンディングとは、インターネット上で寄付を募るもので、通称〝クラファン〟とも呼ばれています。さまざまな社会的意義や課題を持った人や団体が、目的達成のために自力では足りない資金を賛同する人たちから幅広く集めるという仕組みであり、専門の会社がクラファン専用のウェブサイトを運営しています。野口さんはそこに目をつけたのです。

競馬や乗馬など、馬に興味を持つ人はたくさんいます。さらに競馬で輝かしい実績を残した引退馬の中には、一定のファンがついて牧場などを訪ねたり、支援をしたりする人たちも出てきていました。そういった表舞台だけでなく、光の当たらない場所にいる馬たちに手を差し伸べたいという活動は、十分に大義があり、社会的意義も大きいものです。

「林さんのやろうとしていることを、社会的な課題としてきっちり組み立てれば、必ず賛同者は出ます。もちろんバジガクとしてもバックアップしますよ」

涙が出るほど嬉しい申し出でした。

これで肥育場から保護した馬の未来に1本の光が見えました。あとは、本当に肥育場から馬を保護することができるのかどうか。

それには、肥育場の社長と腹を割ってお話しし、協力を取りつけなくてはなりません。私は肥育場に再訪し、お願いすることを決心しました。

こわもての肥育場の社長に思いの丈をすべてぶつける

私は紹介者のKさんに連絡を取り、肥育場の社長と馬を買い取るための交渉をしたいと直球で伝えました。Kさんも同行してくださることとなり、社長のアポイントをとってもらって、後日肥育場に向かいました。

「いろいろな人が寄ってくる世界ですから、社長はまずその人の人となりをしっかり見ます。最初は怖く感じるかもしれませんが、林さんの考えていることは社長にも必ず伝わるはずです。ご自分の思いをしっかり伝えてみてください」

Kさんからそういわれ、緊張しながら後をついていきます。

肥育場の中に入ると、作業着姿の社長が自ら馬のエサを用意しているところでした。現場主義を絵に描いたような姿で、第一印象はまさに「怖い」のひと言。顔つきだけでなく、全身から放つ厳しいオーラにすっかり圧倒されてしまいました。しかし、ここでひるんでは野口さんと熱く語り合った引退馬の未来が閉ざされてしまう。私は気持ちを引き締め、駆け引きなしに自分の思いを正面からぶつけようと心に決めました。

前回初めてここに来た時に感じたこと。それをきっかけに馬を保護するために自分なりにできることをひたすらやってみたこと。自分の限界を思い知り、すべて諦めようとした時、バジガクの野口さんという最大の支援者を得たこと。そしてこの先、展開していこうと考えている保護活動の青写真について……。

私は必死でした。自分の言葉一つ一つが、この目の前にいる社長に届かなかったら、野口さんの協力も水の泡になる。いや、そんなことよりも、当事者である馬の命を救うことができなくなってしまう、それだけは何としてでも避けたい……。

社長はずっと私の目をみて、静かに聞いています。そして、私の話が終わるとゆっくりと口を開きました。

「実は、Kさんの顔を立てて、話だけは聞いて断るつもりだったんだよ。でも、あなたの話を聞いて考えが変わった。前代未聞だけれど夢のある話だと思う。だから協力させてもらうことにするよ」

Kさんから話の触りだけ聞いていた社長は、今までの経験を踏まえてもリスクのほうが大きいと判断し、断るつもりだったのです。しかし、それでも私に会ってくださった。Kさんのおかげでお話しする機会を得られたことに感謝するとともに、自分の思いが社長の心を動かしたことに、この活動の意義を再確認し、胸が一杯になりました。

「林さん。初対面だから、あなたが信用できる人間かどうかはまだわからない。でも、私はKさんのことは信用しているから、この話を受けることにしました。だからKさんの顔に泥を塗るような真似は絶対にしないでほしい」

社長と二人きりになった時、真っ先にそう言われました。Kさんの人徳を思うとともに、出会って数年でこれだけの信頼関係を築いてきた二人のすごさと、そこに私を入れてくださったことに、改めて感謝の思いがあふれてきました。

肥育場からの馬の引き取りについては、社長とあれこれ話し合い、細かい約束事を決めました。その中で最も重要なことは「肥育場の場所」と「馬、馬主、調教師の名前」これらを絶対に表に出さないという取り決めです。

肥育場の場所が明らかになれば、過激な保護活動をしている人たちから格好の標的にされる恐れがあります。肥育場は馬を馬肉として流通させることを目的に、直前まで管理をするための場所です。私は肥育場の善悪を述べる立場にはありません。しかし、中にはそれを「悪」として、先鋭的に攻撃してくる人もいるのです。一方、肥育場には日々の馬の世話のために働く人がおり、彼らや彼らの家族の生活もかかっています。場所が特定されれば、肥育場の施設だけでなく、社長や従業員、その家族の個人情報に繋がる可能性もあり、彼らの身が危険にさらされてしまいます。

次の項目である、馬や馬主、調教師の名前を明らかにすることの危険性については、もう言うまでもないでしょう。肥育場ですら標的になるのですから、馬主や調教師の名前が明らかになれば、攻撃の矛先が彼らに向かうのは容易に想像できます。

競走馬には「健康手帳」という身元証明のようなものが必ず添付されていますが、肥育場に送られることになった馬には健康手帳がありません。なぜなら、肥育場送りが決まった時点で「死」が確定したことを意味しているため、送り出される時に処分されてしまっているからです。

そのため、どこの競馬場に在籍していたのか、何歳なのか、さらには名前すらもわかりません。ところが、馬の頸にはマイクロチップが埋め込まれており、そこに詳細な情報が記録されています。マイクロチップはいわば馬の免許証、あるいは戸籍票ともいえるもの。専用の機械で読み取れば、最後に所属した競馬場や調教師、馬主名もわかります。もし、それらの情報が表に出れば、彼らは「馬を食肉にすることを決めた張本人」としてバッシングを受けることになるのは明らかです。ちなみに、そういったリスクを避けるため、社長のところでは引き取る際に馬の名前は一切聞かず、余計な詮索もしないように徹底しているということでした。

少しでも早く動かなくては……。進み続ける時計の針が現実をつきつける

交渉が済んだ後の社長は、最初に会った時とは、まったくの別人のように見えました。それは、社長がどうこうというよりも、馬の世界に生きることの厳しさや苦労を物語るように思えました。何しろ、私でさえ、散々いろいろなことを言われ、覚えのない非難に巻き込まれてきましたから、向こうから近寄ってくる人に対して警戒する気持ちはよくわかります。幾度とな

く現実に打ちのめされ、馬にまつわる人の嫌な面もたくさん見てきたことでしょう。それでもこうして初対面の私の話を聞き、馬の未来に希望を託してくださる、その姿に尊敬の念を覚えました。

「社長は好き嫌いがものすごくはっきりしている人だけれど、林さんの思いがちゃんと社長の心に届いたみたいでよかった。たぶん、気に入ってもらえたと思いますよ」

社長が席を外した際、うれしそうに声をかけるKさんに対して、改めて感謝の気持ちをお伝えしました。

しかし、すべてが手放しで喜べる状態ではありませんでした。交渉が終わり、肥育場の奥のほうにいってみると、以前よりも明らかに馬の数が減っていることに気づいたからです。

「コロナのせいで、家にいる人が多くなったからか、馬肉の注文が増えているみたいなんだ」

社長によれば、馬肉も鮮度が重要であり、注文が入るとすぐに業者が引き取りにきて加工に回されるということでした。残念ながら、半年前にいた子たちはすべていなくなっていました。

暗澹たる気持ちのまま牧場の隅に目をやると、そこに大量の馬具が入っているケースがあることに気づきました。

「あぁ、それは競馬場から来た馬が身につけていたものと、ここから出て行く時に置いていったものなんだ。彼らが生きていた証を残してやりたいと思ってな。意味がないかもしれないけれど、捨てるのは忍びなくてさ……」

さみしそうにつぶやく社長の言葉が今も脳裏に焼き付いています。

我が道を行く社長は、初対面の私がそうであったように、容易には近寄りがたい厳しいオーラを放っていましたが、その一方で、言うことにはすべて筋が通っており、自分の認めた仲間にはとことん優しい人でした。後日、一緒に食事をする機会もあり、肥育場を経営することの葛藤も話してくださいました。

私はそれまで馬のことばかり気にしていましたが、食肉としては程度の違いこそあれ、牛も豚も鶏も似たようなことが行われていて、そこに関わるたくさんの人たちの思いや葛藤がある中で成り立っていることを理解しました。そこで働いておられる方々への感謝や、自分たちが命をいただいて生きていることの重みを決して蔑ろにしてはいけない、そう感じたのです。

6章

人の善意と悪意の狭間でもがく

たどり着いたクラウドファウンディングと、寄せられる人間の悪意

肥育場の社長に協力を取りつけられたことで、クラファンを行うために必要な課題がクリアできました。さっそくクラファンの窓口に連絡をし、担当の方とともに準備の手続きに取り掛かりました。

クラファンは、資金を提供してくださる方へのリターン（返礼品）が必要ですし、そもそも趣旨に賛同してもらうための、しっかりとした主張をまとめる必要がありました。

文章作成や掲載する写真選び、ページの構成、リターンの内容など、必要な素材を短期間でまとめるため、公開直前まで打ち合わせを続けました。そして、ついにクラファンのスタートにこぎ着けることができたのです。それは、社長への直談判からおよそ20日あまりのことでした。

公開でほっと一息入れたのも束の間、このプロジェクトに賛同して資金を投じてくださる方たちの支援が続々届き始めます。私が使ったクラファンのサービスでは、支援が入る度に、お知らせと支援者からの応援メッセージがメールで届くようになっていました。あまりにも多くの通知が表示されるので、スマホが壊れたのかと思ったほどです。膨大な数の応援メッセージ

を目の当たりにし、一刻も早く返事をしたほうがよいだろうと、思わず「ありがとうございます！」とだけ書いて返信するようにしていました。

ところが、野口さんから「返事の早さよりも何よりも、活動に賛同してくださった方への感謝の気持ちに対して心を込めて返すことが大事なんじゃないかな」と言われてハッとしました。野口さんはクラファンの経験者でもあり、焦って返事を返すことよりも、時間をかけてでも賛同してくださった方へ丁寧な返信をすることがより多くの賛同者に繋がると身をもって知っておられたのです。

日に日に増え続ける支援者の皆さんからのコメントは、どれも本当に馬を助けたいという思いに溢れたものでした。それらを読んでは「自分のやろうとがんばってきたことは間違いではなかった。ここまでたどり着けて本当によかった」と、うれしい気持ちがあふれ、そして協力してくださった方々への感謝の気持ちを新たにし、時間をかけて丁寧に返信するようにしました。

ところがいいことばかりは続きません。

注目されればされるほど、否定的な意見が多くなり、悪質な嫌がらせが日に日に増えていったのです。

まったく身に覚えのない記事を書かれ、それがSNSを通じて拡散されていく。さらに悪いことに、それを読んだ人が記事の内容を信じてさらに拡散し、あっという間に自分では手に負えないレベルまで広がってしまいました。

Facebookを開けば、「詐欺師」「嘘つき」「偽善者」という言葉ばかりが目に入るようになり、私はまるで犯罪者のよう。それでもまだ自分だけが悪者になるのならよかったのです。私やプロジェクトに対する悪質な記事が投稿されてからわずか数日後、今度はこのプロジェクトのために協力してくれた方たちに対して、悪意のあるコメントや投稿が書き込まれるようになってしまいました。

心ない攻撃に対して、どうにか自分の仲間だけは守りたい、そう思って言葉を尽くして返答すればするほど、揚げ足を取られて新しい悪意が押し寄せる……。SNSの恐ろしい闇を見た思いでした。

頼れる友人や知人に相談してみると、皆一様に「悪意のある人たちは何をやっても攻撃してくるから、相手にしないのが一番」とアドバイスをくれます。頭ではその通りだと理解できても、スマホを手にする度に何らかの悪意ある情報を目にしてしまい、気になって仕方がありません。自分のメンタルが先にやられそうでした。

攻撃の矛先は私だけでなく、私をフォローしてくださっている方にも向かっており、彼らが攻撃されている様子をただ見ているしかない自分にも歯がゆさを感じていました。何もできない自分の悔しさや怒り、悲しみ、たくさんの感情に押しつぶされそうでした。最終的には、極度のストレスからスマホの画面を見るのもつらく、ＳＮＳを開こうとすると、動悸やめまいがするようになってしまいました。

めざす理想とは裏腹に起こるつらい現実

自分の思いに賛同してくださったがために、いわれのない誹謗中傷にさらされることとなった仲間たちに対して、私はせめて心から謝罪したいと思いました。

「自分のせいで、こんなことに巻き込んでしまい、本当に申し訳ありません……」

電話や直接会って自分なりの気持ちを伝える度に、私は逆にねぎらわれてしまいました。馬を助けようとしているだけで、何か悪いことをしているわけではないのだから、と。そして、皆それぞれに
「私のことは気にしなくてよいから、最後までがんばってください」と、応援してくださるのでした。

ネット上でひどい言葉を投げかけられているのに、私に対してこんなにも温かい言葉をかけてくださる。感謝の気持ちでいっぱいになるとともに、こんなにも素晴らしい人たちを巻き込

んでしまったことに対しての罪悪感でいたたまれない気持ちになってしまいました。

悪意あるコメントに対して、真摯に対応しようとすればするほど、大事な仲間への嫌がらせがエスカレートするので、黙って見守ることしかできず、だからといって仲間に心を尽くして謝っても、本来の解決には繋がらない。どうすることもできぬまま、多くの人がアドバイスしてくれた通りに、私はしばらくSNSから離れることにしました。

クラウドファウンディングがスタートしてから3週間あまり。花の散ったサクラの木に青々とした葉が茂り、そよぐ風が心地よく感じられるようになった4月後半、調教師さんから電話がかかってきました。

「スパークルメノウなんだけれど、休養か引退、どちらか決めて欲しいんです」

スパークルメノウは前走のレース中にぶつけた脚が腫れたまま、なかなかひかずにいました。はっきりした原因がわからず、馬自身も痛みを感じてはいなそうでしたが、腫れが引かないことにはレースに出すわけにはいかないというのが調教師さんの見立てでした。

現在、全国の競馬場はどこも馬があふれかえっており、ほとんどの厩舎は順番待ち状態。レースに出走できない馬を置いておく余裕はどこもないため、ひとたび故障すればすぐに「休養か引退」を迫られてしまうのです。

私のもとにスパークルメノウがきて1年足らず。短い期間でしたが、印象的なレースを何度も見せてくれ、その度に、多くの人にたくさんの感動を与えてくれた子でした。しかし、馬齢は7歳。競走馬としてのピークはすでに過ぎており、ここで無理をして休養後に出走させれば、新たな故障に苦しむかもしれません。

同じ厩舎にはもう一頭、コウエイワンマンという愛馬もいました。こちらはすでに10歳になっていて、競馬ファンがたくさん集まりやすい5月のゴールデンウィークのレースを最後に引退させる予定でした。コウエイワンマンは私のもとに来る前は、中央競馬の上位クラスで活躍しており、名前を知っている人も多かったようです。私が新しいオーナーになったことを知り、SNSで直接連絡をくれるファンの方々もいて、中には厩舎に差し入れを送ってくださったり、競馬場で撮影した写真を送ってくださったりする方もいました。

中央競馬から地方競馬へ移籍した子の場合、かなりの活躍をしていなければ地方競馬まで応援に駆けつけたり、引退後も応援を続けたりするファンは稀です。貴重なファンに愛されているコウエイワンマンの最後の花道をきちんと飾ってあげたいと思い、私は以前から連絡をくれていたファンの皆さんには引退レースへの出走をあらかじめお伝えしていました。

そんな中、決断を迫られたのがスパークルメノウの進退だったのです。

これ以上無理をさせたくないという思いから、私はスパークルメノウの引退を決め、それに伴ってコウエイワンマンも予定を早め、レースには出さず一緒に引退させることにしました。

馬の怪我はレース中に起こると思っている人も多いかもしれませんが、大きな体に対して繊細な脚を持つサラブレッドは常に怪我のリスクを抱えています。レースに出るためには、本番に向けた毎日の調教が必須であり、その際は50kg以上ある騎手を乗せて走るわけですから、練習そのものが怪我のリスクと隣り合わせなのです。ひとたび脚に大怪我をすれば何が起こるかは、前述したフロリダパンサーの一件で書いたとおりです。

私はコウエイワンマンの引退を前倒しすることについて、やり取りしていたファンの方々へ正直にお伝えしました。彼らから届いたメッセージは

「コウエイワンマンのことを思って決断していただき、本当にありがとうございます」

「引退後のことまで考えてくださり、ありがとうございます」

と、いずれも馬への愛にあふれたものでした。

本当のファンとは彼らのような人たちのことを言うのかもしれない、私はそう思いながら、2頭のこの先について思いを巡らせました。

7章

新天地沖縄で引退馬の未来を切り開く

初めて続きの沖縄へのサラブレッド輸送

コウエイワンマンとスパークルメノウの2頭を迎えることを快く引き受けてくれたのは、沖縄初の養老牧場、ホースガーデンちゅらんでした。

ホースガーデンちゅらんはエリーがクラファンで建設した牧場で、2021年2月末にオープンしたばかり。ついに自分の愛馬を任せられる牧場が生まれたことに私は感無量でしたが、実際に馬を送るとなると、それまで想定していなかった問題が次々と出てきました。

まずは最も重要な馬の運搬です。

沖縄にも馬はいますが、引退直後のサラブレッドが沖縄へ輸送されたケースは前例がありませんでした。実際に輸送を担うフェリー会社との折衝だけでなく、荷主の組合との交渉、馬運車の手配や待機場所の確保、さらには輸送費や保険など、物事が一つ進むと新しい問題が一つ出てくるような一進一退を繰り返しながら、夢の実現へ向かっていったのです。

その度にエリー夫妻と連絡を取り「馬にとって一番いい方法は何か」という軸だけは決してぶれさせることなく、忍耐強く取り組んでようやく2頭の沖縄行きの段取りが整ったのでした。

引退から数日後、九州の観光牧場が所有する馬運車が競馬場へ迎えに来て、そこからフェリーに乗って沖縄へ向かう手はずでした。フェリーの出航に合わせて1週間以内に港まで運ぶ予定が、フタを開けてみればフェリー会社の都合で積み込みができなかったり、悪天候でフェリーが出航できなかったりしたため、当初の予定はあっという間に崩れてしまいました。やっとのことで出航の段取りがついて、沖縄到着に合わせて飛行機のチケットを押さえたのに、急な変更で4日も前倒しになると連絡が入るなど、初めてのことにフェリー会社も難しい対応に追われていることがこちらにも伝わってきます。

いったいどういう理由があるのか不思議に思った私は、詳しい事情を聞いてみました。すると、海運ならではの事情が見えてきました。フェリーで動物を運ぶ際は、家畜コンテナと呼ばれる専用のコンテナを使います。ここには通常、牛や豚などが載せられるのですが、馬は1頭につき1台のコンテナを使うのに対し、豚なら20～30頭は入ります。家畜コンテナの数が限られていることに加え、荷主の組合との関係性もあり、急な出荷でコンテナが差し替わることもあるようでした。特に今回は2頭の馬を一緒に運ぶ都合上、家畜コンテナを2台押さえる必要があり、その調整が難航していたのです。

家畜コンテナに入った2頭は5月8日、ついに出航しました。

荷積みではコンテナごとクレーンで吊り上げるのですが、積み込みに立ち会った人に聞けば、コウエイワンマンはエサを食べ続けていて吊り上げられたことにもおそらく気づかず、スパークルメノウはキョロキョロしつつも暴れることはなく、空中を楽しんでいるようだったとのこと。平然と洋上に出て行った二頭にほっと胸をなで下ろし、沖縄で二頭を出迎える日を指折り数えて楽しみに待つことにしました。

心から安心してリラックスする二頭に癒やされる

最初の輸送予定から4日前倒しになってしまったため、二頭の到着を沖縄で待つはずが、沖縄で二頭に出迎えられることになりました。

幸い、二頭は大きなトラブルや体調不良もなく、無事に那覇港に到着。エリー夫妻立ち会いのもと、牧場まで運ばれました。

「到着直後は長旅の疲れでおとなしかったですが、今日は二頭ともたくさんエサを食べて、元気に過ごしていますよ」

と、動画つきでエリーからメッセージが届き、まずはひと安心です。

それから4日後の朝、予定通り那覇空港に降り立った私は、そのままうるま市にあるホースガーデンちゅらんに向かいました。ずっとやり取りを続けて、すっかり戦友のような仲になっていましたが、実はエリー夫妻に会うのはこれが2回目です。前回はまだ牧場建設前で、そこには年季の入った高床式の大きな豚の厩舎と、崩れはてた小屋があるばかり。

「まずはこれを片づけて、厩舎と放牧場をつくる予定です」

そう話すエリーの笑顔と裏腹に、本当にここに養老牧場ができるんだろうか……と疑問を感じたほどです。ところが、到着して私の目の前に広がっていたのは、沖縄らしい明るく元気な雰囲気に満ちた、まさにエリー夫妻が夢を語っていた牧場そのものでした。

前回訪れた時は、以前の使用者が放置していったものがあふれていただけでなく、放牧予定地には石もたくさん埋まっていました。しかし、小学生の二人の子どもたちが休みの日に一緒に石拾いを手伝ってくれ、みんなで少しずつきれいに整えていったといいます。建設前から、たびたび写真や動画を送ってくれていたので、牧場の様子は何となく伝わっていたものの、いちばん最初の惨状（失礼）から、見違えるほど立派にできあがった牧場を見て、私は彼らのすごさと、これからの馬の未来について思いが巡り、熱いものがこみ上げてきました。

もちろん、北海道の大牧場のような見事な施設に比べたら、小さく質素かもしれません。しかし、規模や設備の新旧ではなく、ここで余生を送る馬たちのことを本気で考え、馬たちのために細かな部分まで妥協せずに手づくりされた設備に、彼らの温かな心が詰まっているのを感じずにいられませんでした。

今までのことを思い出して、一人感動しながら入り口で考えにふけっていると、

「林さん、いらっしゃい！」

私の様子に気づいたエリーが元気に声をかけてきて、渉さんやボランティアで働く大学生のAくんの３人に出迎えてもらいました。手短に挨拶を済ませ、彼らは私を二頭のいる場所へと案内してくれます。

コウエイワンマンとスパークルメノウに会うのは約二か月ぶり。気候やエリーたちの人柄のおかげなのか、すっかりこの牧場になじんで、競馬場で見せる顔とはまったく違う穏やかな様子でした。

特に巨体のコウエイワンマンがリラックスしていたのは驚きました。最も大きな時で馬体重が５５８キロもあったこの子は、現役時代からほかの馬より頭一つ飛び抜けて大きく、遠くから一目見るだけでわかるほど。大きくて威圧感があり、男気あふれた頑固な面を持つ一方、根は寂しがりなかわいい子です。ベタベタ触られるのは嫌がるものの、適度にスキンシップをとって一緒に撮影するのは何の問題もありませんでした。

もう一方のスパークルメノウは「この子はここで生まれたんですよ」といわれても不思議ではないほど、この場所になじんでいました。もともと人なつっこくおとなしい性格でしたが、厳しい調教もないからか、ペロペロッとしょっちゅう舌を出して遊んでおり、これが本来の彼

の姿だったのかもしれないと、びっくりしました。

牧場に来てからは、人なつっこさと甘えん坊具合に磨きがかかり、人の気配を感じるとすぐに顔を出して待っているようになったそうです。

競馬場や厩舎は、レースに向けた勝負の世界のまっただ中にあるため、雰囲気もどこか殺気立っており、人も馬もピリピリしています。そのため、オーナーであっても厩舎で馬とともにゆっくり過ごすというわけにはいかず、愛馬と時間を気にせず触れ合うという、一見簡単そうなことも難しいのです。

馬のそばでエリーから二頭の到着後の様子や、普段のエサやりや体調管理の方法、1日のスケジュールなどを丁寧に説明しもらっていると、あっという間に1時間がたっていました。

近くの海から吹いてくる潮風が心地よく、二頭の幸せそうな表情と、エリー夫妻の生き生きとした姿に、私もうれしくてたまらなくなってしまうのでした。

ホースガーデンちゅらん、テレビの取材を受ける

私が到着したその日、ホースガーデンちゅらんにNHKが取材に来ることになっていました。

エリーたちがクラファンを立ち上げ、成功させたことをきっかけに、NHK沖縄のクルーの皆さんは、牧場の建設から完成、馬の受け入れまで何か月も丹念に追いかけており、ついに引退直後のサラブレッドが沖縄に来る！　ということで、ドキュメンタリーの最後の締めとして、到着直後の様子やインタビューを撮影するとのことでした。

ちょうどこの日に牧場を訪れる予定だった私は、生まれて初めてテレビの収録に立ち会うという貴重な機会を得ました。エリー夫妻や馬の晴れ姿を横で見られるだけでも十分幸せだったのに「この人がこの二頭のオーナーの林さんですよ」とエリーが紹介したから、さあ大変。急遽私もオーナーとしてインタビューを受けることとなりました。

インタビューが終わると、二頭の撮影が始まりました。

先にスパークルメノウを放牧場に出したところ、喜び飛び跳ねる姿を見たコウエイワンマンが怒りだし「俺も出せ！」と扉を壊しそうな勢いで蹴り始めたので、スパークルメノウが少し落ち着いたタイミングでコウエイワンマンも出してみました。

興奮する二頭に一瞬ヒヤッとしたものの、すぐに落ち着いた彼らは、沖縄ののんびりとした気候の中で自由な時間を楽しみ、馬房に戻してからもすっきりした顔つきをしていました。

お昼頃に撮影が終わり、クルーの皆さんが帰ると、ずっと緊張していた糸がプツンと切れて、みんなぐったり。急におなかが空いてくるから現金なものです。みんなでお昼の買い出しに出かけ、戻ってきてからは外に椅子を出し、放牧中の馬の姿を眺めながら遅めのランチとなりました。

馬を心から愛する人たちが同じ場所に集まり、寝転んだり舌を出したりといった馬の一挙一動を見て笑い合う。ここはこれまでずっと私が思い描いていた夢の場所でした。

ホースガーデンちゅらんは那覇市から車で1時間ほど走った沖縄本島中部のうるま市にあり、海から1キロ弱ということもあって、常に心地よい海風が吹き抜けていきます。そんな素晴らしい環境の中で心許せる仲間たちと食べるランチ。何よりも素晴らしいのは目の前で幸せそうに過ごす馬の姿があることでした。

沖縄で長らく馬に関わる仕事を続けてきたエリー夫妻にとっても、引退直後のサラブレッドが沖縄に来たという話は聞いたことがなく、おそらく初めての出来事とのこと。馬の多くはサラブレッド以外で、たまに来たとしてもほかの乗馬クラブで長年働いていたベテランのようです。

NHKの番組が放送されると、噂を聞きつけた地元の人たちから「引退馬を見てみたい」と問い合わせが入るようになりました。まさにスパークルメノウとコウエイワンマンの晴れ舞台。間近で見るサラブレッドは思いのほか大きく、つい最近まで競馬場を走っていた馬の迫力を感じ、皆さん喜んで帰られるとのことでした。

一方、新型コロナウイルスの影響で日本人観光客が激減する中、米軍基地で働くアメリカ人やその関係者が牧場を訪れ、彼らの活動を支援するようになっていたのも新たな変化でした。普段は基地の中で暮らしている彼らも、沖縄の観光スポットはチェックしていて、特に馬と触れ合える施設は彼らにとっても希少な場所なのでした。

実はアメリカは都市部から少し郊外に離れると、馬を身近な存在として暮らす人が少なくありません。遠く離れた日本で馬に触れ合えるだけでなく、エリーが英語でコミュニケーションを取れることや、彼女のフレンドリーで誰とでも気さくに話せる明るい性格も手伝って、アメリカ人の観光客も気軽に遊びに寄れる場所になっていたのでした。

実際、取材後にエリーと話している最中にも、アメリカ人のカップルがふらっと訪れ、エリーが英語で説明してあげると、彼らは馬たちにニンジンをあげ、馬との時間をひとしきり楽しんで帰っていったのです。

馬が沖縄で余生を過ごすということは、果たして内地と比べてどうなのか？

どういうわけか、馬の世界はどこで何をやっていても、いろいろな批判にさらされることが多いです。

私の身に起こったことはすでに書いたとおりですが、エリーたちが切り盛りするホースガーデンちゅらんも決して例外ではありませんでした。牧場がオープンしてわずか3か月ほどの間に、ここでは紹介しきれないほど、たくさんの嫌なことがあったそうです。

〝沖縄初〟という取り組みを快く思わない人たちも一定数いて、彼らはエリーたちの取り組みに難癖をつけては、ネット上でさまざまな〝意見〟を述べていました。それらがどんなものかといえば、例えば、

「沖縄は暑いから馬がかわいそう」

「虫が多く、環境が悪い」

「内地とは台風の規模が違いすぎて危ない」

「海運は輸送のストレスがかかる」


といった具合です。世の中にはいろんなことを言う人がいるのは、私も痛いほど分かっていましたから、正直「人は何をやっても文句を言うんだなぁ」と感心してしまったほどです。とはいえ、確かに気になる問題でもあったので、エリーたちがどんな対策を取っているのかを聞

き、自分なりにまとめてみました。

「意外と涼しい沖縄」

沖縄と聞くと、冬でも暖かく、夏は暑い常夏の島というイメージがある人も多いと思います。ところが、8月の沖縄の気温を見てみると、最高気温は本州よりも低い日が多く、さらに海風がずっと吹き抜けているおかげで湿度も低いのです。日中、直射日光の下にいるとさすがに暑くてたまりませんが、日陰に入ってしまえば快適に過ごせるようです。

海の近くにあるホースガーデンちゅらんは、うるま市の許可を取ってあるため、馬を連れて海で水浴びをすることも可能です。馬にとっての水浴びは涼を取れるだけでなく、ストレス発散にもなります。ちなみに、日本でエアコンのついた牧場はほとんどなく、これはあまり知られていませんが、北海道以外の牧場では、夏場に熱中症にかかる馬がたくさんいます。近年の夏はまさに酷暑で、40℃近くなる日もたびたびあります。そんな中、馬は狭い馬房にずっと入っていて、扇風機も場所によっては2~3頭に1台しか置いていないところも多いのです。そんな場所にいれば熱中症になるのも当然ですが、世間一般にはあまり知られていません。それもそのはず。「うちで管理している馬が熱中症になりました」と自ら公表する管理者などいるはずがないからです。

馬を管理している牧場の多くは、オーナーから馬を預かり、その分のお金をいただく、預託という形で営業しています。そこで「馬が熱中症になった」と公表すれば、牧場の経営に大きな支障が出かねません。

沖縄は陽射しこそ本州より強いものの、日陰をつくって入れるようにするなど、きちんと対策を取れば本州とたいして条件は変わらないか、状況によっては本州よりよいのではないかと感じています。

「思ったほど虫が飛んでいない」

馬の飼育で悩まされることの一つが夏の害虫です。デリケートな馬は虫によるストレスで体調を崩す場合もあります。私がホースガーデンちゅらんを訪れたのは初夏でしたが、アブなどの虫はあまりおらず、虫よけなども使っていないとのことでした。そもそも、ボロ（馬の糞）などがたくさんある牧場にはハエがたくさんいることが多いのですが、28℃を超えるような環境でも、それほど気にならず、馬たちもハエを避けるために尻尾を振ることがありませんでした。

「台風が身近だからこそ備えもきちんとしている」

自分もそうですが、台風や大雪に馴染みのないエリアに住んでいる者からすれば、どう対策をするべきなのかピンとこないこともあります。しかし、その環境に慣れている地域だからこそ対策がしっかりとできているそうです。

牧場も立ち上げの段階から台風対策を施しながら進めていたようで「馬たちが怖い思いをしないように時間がかかってもしっかりした物を今後もつくっていく」といっていました。

今の厩舎は石のブロックでできていた物を改増築したので、頑丈にできています。問題の屋根も台風用にしっかりとした物を自分たちで取りつけたとのこと。一般的な馬房に比べると屋根は低いですが、それも台風対策の一環でした。猛烈な台風が通過する沖縄では、屋根を高くすると風で飛ばされるリスクが高く、ひとたび飛んでしまえば馬たちはもちろん、近隣の家などにも被害が出てしまいます。

天候については、実際にその地域のことを知らない外野がとやかく言うことではないので、エリーたちの信じるやり方を見守りたいと思います。

「輸送の苦労は確かにある」

これは私自身もとても苦労しました。まず、日程調整が難しいこと、そして輸送にあたっての関係者との調整も多岐にわたることがあげられます。陸送なら請け負ってくれる馬の輸送業者も、海運は専門外と断られてしまいましたし、仮に引き受けてもらったとしても、かなり高額になってしまいそうでした。試しに、ある運送業者に聞いてみたら「どうしても！　と言うのならば見積もりは出すけど、1頭あたり100～150万くらいはかかると思いますよ」といわれたことがあります。

今後、再び沖縄へ馬を輸送しようとなった場合は、前もっていろいろな段取りを組む必要がありそうです。ただし、北海道と本州の間の馬の輸送はフェリーが使われているので、フェリーを使った海運という部分だけを見れば大差ありません。むしろ、北海道と本州のフェリー移動は馬運車ごと積み込むため、馬たちは常に体を圧迫されるような狭い中で過ごさねばなりません。一方、鹿児島から沖縄に向かうフェリーは時間こそ1日近くかかりますが、広い家畜コンテナの中でのんびり過ごせる分、楽かもしれません。ただ、沖縄行きのフェリーは付添人がいませんから、馬の様子が1日まるきりわからない点はネックです。とはいえ、引退馬の多くが命を落とす現状では、1日我慢すれば安心して余生を過ごせる道ができたことは、誹謗中傷に値するほどひどい環境とはいえないのではないかと思っています。

馬が繋いでくれた縁に感謝し、支援の輪を広げていくことを誓う

馬たちのためにあれこれ知恵を絞り、手を動かしているエリーたちに浴びせられる心ない誹謗中傷の言葉。自分も経験があるだけに、我がことのように心が痛みました。オープン以降、エリーたちも精神的に追い詰められたとのことでしたが、どんなに嫌なことがあっても、牧場で暮らす馬やヤギ、犬、猫などと触れ合うことで癒やされたそうです。「この子たちのためにもっと頑張ろう」と奮起し、そんな中、新たに迎えたのがコウエイワンマンとスパークルメノウというサラブレッド2頭でした。彼らの仲間入りによって、エリーたちは前にも増して、牧場を守っていこうという気持ちが強くなったといいます。

気がつけばもうお昼を食べ終わってから2時間も経っていました。

馬房を見ると、コウエイワンマンの大きさは圧倒的で、ほかの馬たちの中で明らかに存在感を放っていました。ところが、どういうわけか隣の27歳になるゴンフルがお気に入り。ストレートの前髪がかわいらしいのですが、馬の27歳といったら立派なおじいちゃんです。そんなゴンフルじいさんにめげずにちょっかいを出しては怒られている巨体のコウエイワンマンがおかし

くて笑ってしまいました。でも、これまでずっとピリピリとしたレースの世界を生き抜いて、やっとたどり着いた楽園です。たとえおじいちゃんに入れ込んでいたとしても、彼が幸せならいいか……と思い直し、二頭の様子をぼーっと眺めていたのです。

その様子に気づいたのか、今度はスパークルメノウがこちらを見ながら、舌を出して例の「ベロベロ～」のポーズを取ってくれました。本当にひょうきんな顔なので、ぜひホースガーデンちゅらんのInstagramでその写真を見てもらえたらと思います。

どうやらこの顔に引きつけられているのは私だけではなかったようで、後から見学に訪ねてきた人たちもこのベロベロ顔に釘付けになって、彼に近寄っていきました。スパークルメノウの偉いのは、ひょうきんなだけでなく、人なつっこく体を触られても嫌がらないことで、喜んだ人たちから結果的にたくさんニンジンをもらうことができ、見事な営業能力を炸裂させているのでした。

二頭と触れ合ったり、ほかの馬やヤギと戯れたりしていたら、あっという間に夕暮れ時になってしまいました。エリーの子どもたちとも合流し、みんなで一緒に夕飯を食べに行くことに。ここでも、それぞれの馬に対する思いや、過去の出来事、そして未来の夢など、夜遅くまで語り合いました。

まさに、馬という存在から繋がった縁に感謝した充実の1日でした。

ちなみに、私が緊張しまくって受け答えしたインタビューは残念ながらカットされていました。しかし、愛馬はちゃんとNHK沖縄の画面を飾っただけでなく、さらに全国放送の「NHK NEWS おはよう日本」でも取り上げられていました。

これを一過性のブームで終わらせず、引退馬の現状を多くの人に知ってもらい、支援の輪が広がっていって欲しい、そう思って番組を見ていました。

8章

馬と生きていくために必要なある決意

引退馬の未来について深く考えさせられた若者の純粋な思い

ホースガーデンちゅらんでは、エリーと夫の渉さんのほか、大学生のA君が週3回ボランティアで働いていていました。

夕飯を食べ終わり、エリーと子どもたちが家に帰った後、渉さんとA君と一緒に3人で夜遅くまで話す機会を得ました。A君とはこの時初めてしっかり話し合ったのですが、とても真面目な好青年で、私自身も保護活動について、改めて考えさせられることが多かったです。

A君はもともと県外出身。高校までずっと勉強一筋だったので、社会に出るまでに自分のやりたいことを見つけようと、あえて知り合いのいない沖縄の大学に進学を決めました。ところが入学と同時にコロナの影響によって大学はリモート授業になってしまい、友達や知り合いをつくることもできないまま、見知らぬ土地で一人暮らしていたのです。

しかし、そこは持ち前の行動力を発揮したA君。もともと動物には興味があったものの、なかなか動物を飼う環境にも恵まれなかったことから「せっかく時間もあることだから、馬やほかの動物たちの飼育実習や勉強をさせてもらえる施設でボランティアをしてみよう」と思い立ち、ネットで募集先を探しました。すぐに見つかったある施設でボランティアをしてみましたが、実際には募集内容とまったく違うことばかりさせられ、肝心の動物には一切触らせてもらえず、勉強する機会もほとんどありませんでした。

「最初は誰しも下積みなのかもしれない」

そう思って続けてみたものの、それから半年ほどたったころには、動物の飼育や勉強どころか、さらにさまざまな用事を押しつけられるようになり、ここで初めて「自分は利用されているだけかもしれない」そう思って辞める決心がついたそうです。

見知らぬ土地に一人で暮らしながら、純粋な気持ちでボランティア活動に身を投じたのに、それを利用しようとする悪い大人たち……。私はその話を聞いて、いたたまれない気持ちになってしまいました。

ショックを受けたA君でしたが、ある時Twitterを眺めていると、エリーの活動についての投稿が目にとまったといいます。「ひょっとしたら……」と、当初の夢だった動物の飼育実習や勉強についての希望を感じたA君は、思い切って牧場を訪ねることにしました。

この時の様子を渉さんはよく覚えていて「見るからに元気がない感じだったから、気が済むまで馬と触れ合ってもらったら元気になるんじゃないか」と思い、しばらく一人にしておいたそうです。

それから2時間あまり。A君は馬房から離れず、時間が経つにつれ目に光が戻り、キラキラしていく姿を見て思わず渉さんが声をかけました。

いろいろとたまっていたこともあるだろうに、A君は今までの経緯を人への恨み言にせず、淡々とエリー夫妻に話しました。それらを聞き、渉さんはたまらず「うちでボランティアしてみる?」と誘ったのでした。A君が即答したのはいうまでもありません。

A君が牧場に来たのは2021年4月。それから1か月ほど経って、私の愛馬二頭と私が訪ねてきたというわけです。大学が休みの日は毎朝7時から夕方の5時くらいまで牧場で過ごし、馬をはじめとした動物たちの世話をしていました。

エリーや渉さんは、来たい時に来ればいいし、1時間だけでもいいから、決して無理をしないようにと何度もいっているようですが、念願叶って直接動物たちと触れ合える機会を得たA君は、まさに今が楽しくてしかたないといった様子。「毎日こんな生活をしていたいくらいです」と笑っていました。

A君に対する大人の仕打ちについては、ここでは書けないようなさらにひどいこともあったのですが、それでも「動物と関わりたい」と願う気持ちから、ホースガーデンちゅらんにたどり着けたのは幸せなことだったと思います。そして、エリーや渉さんと同じように「将来は保護した馬たちと関わる仕事をしたい」そう思えるようになったとのことでした。

とはいえ、養老牧場の経営は大変です。馬を身近に感じながら暮らせる代わりに、自分たちの生活は苦しく、アルバイトなどをしながら馬の世話をしている人も少なくないのです。その上、人を雇う余裕もないため休みが取れず、自分の時間のすべてを馬に使うといっても過言ではありません。

真面目なA君がその道へ進むことに、今まで散々馬の世界を見てきた私は、応援していいのか、止めた方がいいのか、正直わからなくなってしまいました。「じゃあ、林さんがやっていることは何なんですか？」と言われたら、返す言葉もないとわかっていたからです。

しかし、だからこそA君が卒業するまでの間に、A君のような真面目な子が安心して養老馬に関われるシステムをつくったり、きちんと食べていける就職先を紹介したりできるような準備をすることが、自分にできることかもしれない、そう考え直しました。何より、A君のような純粋な若者が保護活動の世界に入ってくれることは、業界にとってもプラスになるはずですし、結果的に救われる馬も増えると思うからです。

馬を愛する人材の確保もまた保護活動の一環なのかもしれない、そう思い、自分のやろうとしていることの裾野の広さについて思いを新たにしたのです。

沖縄で会ったオーナーとして馬に愛を傾ける同志

翌日、私は早朝からホースガーデンちゅらんに入り、1日の仕事を手伝わせてもらうことにしました。

牧場の朝は、エリーが行う牧場の動物たちへのハグから始まります。

彼女は1頭ずつ時間をかけて触れ合いながら、声をかけていきます。

「おはよう。今日は天気がいいから外に出られるね」

「今日はお水をたくさん飲んで、エサも残さずに食べていて偉いね」

「メノウ、ここには慣れた？　後で外に出してあげるからね」

人の言葉がどこまで理解できるかはわかりませんが、ハグをしながら話しかけられると安心するのか、嫌がって暴れる子はいません。みんなおとなしくエリーの言うことに耳を傾けているようでした。私にとって、この様子はいつまでも眺めていられる心温まる光景でした。

それからエサと水を与え、彼らが食べている間に渉さんがそれぞれの体をチェックしていきます。意外なように思えるかもしれませんが、実は夜の間に馬房で怪我をする馬は少なくありません。物音に驚いて暴れたり、立ち上がったりして体を打ちつけてしまうこともあるのです。

そのため、渉さんが行う毎朝のチェックは彼らの健康のためにも欠かせません。

体のチェックが終わった子から順番に放牧に出し、その間に馬房の掃除を行います。馬房は馬にとって多くの時間を過ごすマイホーム。馬は基本的にきれい好きなため、馬房が汚れているとストレスから体調を崩すこともあります。汚れの主な原因はボロと呼ばれる糞や尿で、これらは通常、床に敷いたワラやおが粉（木材の加工で出る木くず）とともに捨てられ、減った分を補充します。ワラとおが粉、どちらを使うかは飼育する人の好みによるのですが、ホースガーデンちゅらんではおが粉を使っていました。

すべての馬房の掃除が終わると、やっと朝の仕事が一段落。馬を眺めながらの小休止です。

一息ついていると、荷台に大量の草を積んだ軽トラが牧場に入ってきました。

「あらー、今仕事帰りなの?」

そう声を掛けるエリーに、

「そう。今日は大変よ~。青草持ってきたからみんなにあげて~」

軽トラから降りてきたYさんという小柄な女性はニコニコしてそう答えました。

エリーに紹介してもらって、Yさんとの会話に混ぜてもらうと、どうやら彼女は毎日のように牧場に来ているようでした。

A君と同じようなボランティアかな……。

そう思っていた矢先「Yさんはここにいる赤燈馬《セキトバ》という馬のオーナーなのよ」とエリーが教えてくれました。医療従事者であるYさんはこのところのコロナの影響でまともな休みが取れず、毎日くたくたになるまで働いているようでした。それでもなんとか続けられているのは愛馬のおかげ。

「この子に会うことで、私は元気をもらっているの」

そういってニコニコしています。

馬のオーナーであり、愛馬をエリーたちにお世話してもらっているという同じ立場から一気に親近感を覚えた私は自然とYさんとの馬談義に花が咲きました。そして、彼女は愛馬である赤燈馬を3歳から今まで、17年間にわたって面倒を見ていることを知ったのです。

愛馬、赤燈馬とYさんの保護活動

Yさんの赤燈馬は当時20歳。お金の問題はもちろん、オーナー自身の環境や気持ちの変化もあって、通常同じ馬の面倒を17年間も見続けるというのは、並大抵のことではありません。非常に珍しいケースの一つだと思います。

しかし、ここにたどり着くまで、Yさんと赤燈馬はかなりの苦労をしてきたようでした。

Yさんは赤燈馬が3歳のときに個人オーナーになりました。三國志の関羽将軍が好きだったYさんは、将来自分の馬を持てたら絶対に「赤兎馬《せきとば》」と名づけようと決めていたそうです。赤兎馬といえば、1日に千里を駆けるとされ、のちに関羽将軍の愛馬となる稀代の名馬。気性が荒く、乗りこなせる人がいなかったところ、関羽が手なずけ、以後彼の戦いを文字どおり足もとで支えました。

ところが、実際に馬に会ってみると、1日に千里どころか、気性は真逆の寂しがり屋で甘えん坊。あまりに名前とのギャップがありすぎ、散々悩んだ結果、競走馬時代についていた「ミスターファイヤー」という名前にちなんで、火のつく漢字の「燈」に置き換え、赤燈馬と名づけたのでした。

赤燈馬はすぐに、ある乗馬クラブに預託されましたが、わずか1年でクラブが閉鎖。運よく馬を飼育できる土地をもっている知り合いに場所を借りて急場をしのぎ、新たな乗馬クラブを見つけて委託し直しました。

乗馬クラブが決まっても、Yさんには1つの夢がありました。それは「いつか赤燈馬と一緒に暮らしたい」というもの。Yさんは生活費をギリギリまで削りながら貯金をし、10年以上の年月をかけて、ついに赤燈馬と一緒に暮らせる家を建てたのです。このとき赤燈馬は19歳10か月。愛馬の余生を間近で見ながら暮らせることが、Yさんは嬉しくて仕方がありませんでした。

ところが、夢の生活は長くは続きませんでした。

これまで、常に周りに馬のいる環境で暮らしていた赤燈馬にとって、一頭だけでいるのはとても辛いことだったのです。Yさんの姿が少しでも見えなくなると、大声で嘶《いなな》き、Yさんが現れるまでやめません。そこでYさんは、極度の寂しがり屋の赤燈馬に寂しい思いをさせまいと、何をするにも赤燈馬が見えるところで生活するようになりました。昼はもちろん、夜でさえ馬房の前で寝るようにしていたほど。しかし、そんな生活が長く続くわけはありません。案の定、体力的にも精神的にも大きな負担となり、Yさんは疲れ切ってしまいました。

「赤燈馬にも、自分のためにも、預託できる乗馬クラブを見つけよう……」

そう決心したものの、新居は以前の乗馬クラブから遠く、通える距離に乗馬クラブはありません。藁にもすがる思いでYさんが見つけてきた場所は、複数の馬が放牧地の中で一緒に暮らす牧場でした。基本的に昼夜を問わず放し飼いというスタイルでしたが、周りに馬がいるなら赤燈馬も寂しい思いをしなくてすむ……。そう考え、オーナーに掛け合い、預託が決まったのです。

預託には経済的な問題が常につきまといます。まとまった稼ぎがなければ、預託を続けることができません。ところが、赤燈馬を心底愛するYさんは、自分の生活を二の次とし、赤燈馬のために驚きの行動に出ました。

今までの仕事を辞め、赤燈馬にすぐ会えるよう、それまでの職場よりも牧場に近い会社へ転職したのです。

「赤燈馬の居場所は決まったし、少しでもそばで働くことができる。これからは一緒にいられる時間を大切にしていこう！」

Yさんは明るい未来を思い描いていました。しかし、実際はそうなりませんでした。

牧場に預託をお願いしたのは沖縄でも肌寒い日が続く真冬の12月。それから1か月が経った頃、Yさんは、ふと赤燈馬が少し痩せてきていることに気づきます。しかし、以前も環境が変わったタイミングでエサを食べなくなったことがあったため、痩せるペースが早いことにいぶかしがりながらも、念のため牧場のオーナーにも尋ねてみました。

「いや、エサはちゃんとあげていますよ」

そういわれると、馬を預かってもらっている身としては、それ以上強くいうこともできません。しばらくしたら元に戻るだろうと、ひとまず納得し、様子をみることにしました。

しかし、赤燈馬の体重はなかなか元に戻りません。それどころか、さらに痩せていき、牧場に来てから2か月が経つ頃には見るからに様子が違っていました。

これは、赤燈馬だけの問題ではない……。そう確信したYさんは、日頃の赤燈馬の様子を確認するため、働いている時以外、時間の許す限り牧場に立ち寄るようにしたのです。

そこで赤燈馬が受けていた仕打ちは、Yさんが想像もしなかった残酷なものでした。

まずYさんが驚いたのは、エサやりと、その食事風景でした。牧草地にエサがまとめて置かれると、グループのボスをはじめ、大勢の馬が一斉にエサに群がります。気が優しく、争いごとが苦手な赤燈馬は、その輪に入っていくことができません。それでも隙を見てエサを食べようとすると、すかさず他の馬に蹴られてしまいました。かわいそうな赤燈馬はグループから離れ、馬たちが食べる様子をうらやましそうに眺めるよりほかにありません。毎回のエサの量も多いとはいえず、他の馬たちも常にお腹をすかせているようです。エサが置かれるとあっという間になくなってしまいました。結局、赤燈馬は最後に残った食べ残しのカスをどうにか口にする程度でした。また、ある雨の日は、真冬にもかかわらず、雨よけから離れたところで、赤燈馬が一頭だけぽつんと立ちすくみ、冷たい雨に打たれながらブルブルと震えています。

赤燈馬は前からいた馬のグループからいじめを受けていました。そのため、牧草地につくられた雨よけの屋根の下に入れてもらえず、雨の中離れて立ち尽くすよりほかなかったのです。

その姿を見たときのYさんの悲しみはどれほど深かったことでしょう。寂しがり屋の赤燈馬のために、複数の馬がいる牧場へ預託したはずが、仲間はずれになり、エサもろくに食べられない……。

なんとか赤燈馬に食べ物を与えなくてはと、Ｙさんは牧草やニンジンなどを持って再び牧場を訪れました。

しかし、赤燈馬がエサをもらっている姿を見たほかの馬たちは、「自分たちにも！」と一斉に集まってきます。Ｙさんはほかの馬たちにもエサを与えつつ、日頃、赤燈馬に足りていない分のエサをと、できるだけ赤燈馬に与えるようにしていました。それが他の馬たちの気に触ったのか、怒りの矛先が赤燈馬に向かい、みんなで赤燈馬を追いかけ回したり、蹴ったりし始めたのです。

かわいそうな赤燈馬。蹴られた拍子に脚を怪我し、血が流れているのが見えます。日頃から虐げられている上に、むき出しの敵意と暴力を向けられ、赤燈馬は牧場の隅でただ一頭、震えて立っているよりほかありませんでした。

よかれと思ってやったことが、裏目に出てしまい、結果としてさらに赤燈馬を苦しませてしまった。Ｙさんは、このときほど自分が不甲斐なく、情けなく思ったことはないと、悔しさと悲しさでひたすら涙を流したといいます。

牧場のオーナーに声をかけ「費用は負担するので獣医を呼んで欲しい」と頼んでも「この辺りに獣医はいない」と一蹴。仕方がないので、Ｙさんはきれいな水と塗り薬を持参し、毎日自分で赤燈馬の手当をすることにしました。オーナーに強く訴えることも考えましたが、もしここを追い出されたら、赤燈馬を預けられる場所がすぐに見つかる可能性は極めて低い。そう思うと、真剣にお願いし続けて、オーナーが対応してくれるのを信じるよりほかはなかったのです。

しかし、他の馬たちから追いかけ回され、逃げる際に柵にぶつけたり、蹴られたりするのか、体の傷はどんどん増えていきます。とうとうYさん一人ではとても治療しきれない状態になってしまいました。

自分の力ではどうにもならない、そう悟ったYさんは、オーナーに真剣に訴えることに決めました。なんとか赤燈馬にエサを与えて、獣医の治療をしてほしい。そのための設備に費用がかかるなら、預託料を前払いしても構わないと、1年分の預託料を先支払いしたのです。

残念ながら、その訴えがオーナーの心に届くことはありませんでした。いくら信じて待っていても、赤燈馬のエサの状況が改善されることはなく、獣医が往診にくることもありませんでした。

その間にも心身を磨り減らしていった赤燈馬は、骨と皮だけのような異様な姿になるまで痩せ細ってしまいました。体は皮膚病にかかっているのが明らかで、預ける前までの健康な姿は見る影もなく、今にも倒れそうな姿だったのです。

ほかの馬たちにいじめられて怪我をした脚も化膿していました。まるで生きることに絶望したかのような赤燈馬の虚ろな目を見たYさんは

（このままでは赤燈馬が殺されてしまう……）

と、我に返ったそうです。無我夢中で新しい預託先を探し続け、ついにたどり着いたのが、ホースガーデンちゅらんの渉さんとエリーでした。

「すぐに連れてきてください！」

今の状況を伝えるなり、二人は真剣な面持ちでYさんにそう伝え、赤燈馬はホースガーデンちゅらんに来ることとなったのです。

見るも無惨な姿になってしまった愛馬、赤燈馬

「預かっている馬をいったいどうしたら、こんな姿になるまで放置できるんだ……」

ホースガーデンちゅらんに到着した赤燈馬を見るなり、渉さんは深いため息をつき、エリーは静かに涙を流していました。

赤燈馬が栄養失調になっているのは、素人でもわかるありさまでした。二人はすぐに獣医を呼んで診察してもらい、化膿した脚も治療を受けました。あまりにも長い間、まともな食事ができていなかったとみえて、消化器官が弱った赤燈馬は普通のエサが食べられる状態ではあり

ませんでした。
エリーたちは、草をキューブ状に固めたヘイキューブと呼ばれるものをお湯で柔らかく戻し、〝おかゆ〟のような状態にして少しずつ食べさせました。また、汚れていた体もきれいに洗い、皮膚病がはやく治るように薬をたっぷりと惜しみなく塗って、心を込めた介護を毎日続けたそうです。

赤燈馬はたった3か月でその牧場を出ることになりました。しかし、Yさんは預託料として、約1年分のお金を支払っています。普通の感覚なら、途中でキャンセルとなれば、手数料などが引かれた上で返金されるものですが、牧場からは「もらったものは返さない」と、最後まで突っぱねられたそうです。

実はこういった一般人にはなかなか理解しづらい慣習も、馬の世界ではよくあることであり、馬の世界をよく知る人からすれば「お金を渡したYさんが悪い」ということになります。そもそも、Yさんと牧場の間で契約書が交わされることもなかったようですから、後々のためにも、こういった事態から馬と自分を守るためにも、契約書を交わすことは重要だと思います。

Yさんは、そんな牧場を信用し、一年分もの預託料を前払いしてしまったため、貯金のほとんどを使い果たしてしまいました。赤燈馬を早く新しい場所に連れていきたい一心で、何も聞かずに赤燈馬を連れてきたYさんでしたが、預託料について渉さんに話をしたところ、信じられない言葉が返ってきました。

「うちはまだちゃんとお金を取れるような状態じゃないから、預託料をもらうわけにはいかない。そのかわり、赤燈馬が元気になったら、牧場に遊びに来た人が触れ合えるようにしてもいいだろうか？」

今まで出会った馬に関わる人は、お金をむしり取ろうとするばかりで、心底傷ついていたYさんはこの申し出が本当にありがたく、心から感謝を伝えたと話してくれました。

Yさんの家はちゅらんにも近く、赤燈馬の様子を見ようと、彼女は毎日のように牧場を訪れました。そして、赤燈馬が元気になるにはどうしたらよいのか、エリーたちと相談し、一つ一つ試していったそうです。その甲斐あって、おかゆのようなものしか食べられなかった赤燈馬もしだいに普通のエサが食べられるようになり、それに合わせてできるだけ栄養価の高いものや、サプリメントなども与えるようにしていきました。

私がホースガーデンちゅらんで彼女や赤燈馬に会ったのは、それから1か月後のことでした。

「ここに来て1か月。赤燈馬も少しお腹がふっくらして元気になってきて、本当によかった。渉さんとエリーには感謝しきれません」

私にそういいながら赤燈馬を愛おしく見つめるYさんでしたが、実はそれを聞いて驚いたのです。なぜなら、前日初めて赤燈馬を見た時、あまりにもガリガリに痩せていて、病気に違いないと思ったほどだったからです。きっと訳があってここにいるのだろうと、エリーや渉さんには言わずにいましたが、まさかそんないきさつがあったとは夢にも思いませんでした。私が見た時ですらひどい有様だったのですから、1か月前は果たしてどんな姿だったのか、想像もつきません。

赤燈馬のこれまでの話をYさんから聞いた私は、胸が締めつけられる思いでした。そして同時に、生きのびられて本当によかったと、胸をなで下ろしたのでした。

9章

馬を通じて、人を信じる
尊さと喜びを味わう

高齢馬の余生とどう付き合うべきなのか

馬の飼育方法は、飼育する人の考え方によってさまざまな〝正解〟があります。

例えば赤燈馬のような高齢馬の場合、どう飼育するのがよいのかは、運動一つとっても違います。

「健康維持のために歩かせた方がいい運動になる」

「いや、何もさせずにのんびりさせるのが一番だよ」

「そうかな。むしろ、人を乗せて適度な負荷をかける運動をさせた方がいいはず」

などなど。ちなみに、私個人は、人間と同じように適度な運動は必要だろうと思っています。

どうやらYさんも同じ考えだったようで、赤燈馬が元気になってきてからは、体の具合を見ながら少しずつ人を乗せる〝乗り運動〟を始めていました。

一方のYさんも、エリーから私の活動について聞かされていたそうで、赤燈馬の乗り運動に私を薦めてくださいました。

「馬を大事に思ってくださる林さんにも、ぜひ乗ってほしいです」

とてもありがたいことでしたが、私は乗馬についてはまったくの初心者です。当然、馬の操作方法などもよくわかっていません。

「歩く時は足で馬のお腹にポンと合図をして、曲がりたい時は手綱で操作すれば大丈夫ですよ」

Yさんからのたったそれだけのアドバイスで赤燈馬の背中に乗ることになった私。ところが、赤燈馬は長年の経験から自分のやるべきことがはっきりわかっているようで、大きな円を描きながらゆっくり放牧地を歩いてくれました。私はほとんど何の指示もせず、ただ乗っているだけ。本当に頭のよい子でした。

とはいえ、体の重い私がいつまでも乗っていたら赤燈馬も気の毒なので、早々に降りることに。背中の軽くなった赤燈馬は、Yさんが持ってきてくれた新鮮な青草をうれしそうに食べていました。その様子を間近で眺め、触っても怒ることなく、のんびりと食事を楽しむ赤燈馬。今までひどい扱いをされてきたのにも関わらず、どこまでも優しい心を持った子であることが伝わってきます。

ちゅらんが完成していたからこそ、救われた馬と人がいた……。

そのことに胸が熱くなってしまいました。17年間もつきあってきた心優しくかわいい子がボロボロの姿になってしまったことに、きっとYさんは大きなショックを受けたはずです。心も体も大きなダメージを受けた人馬がちゅらんにたどり着けて本当によかった……。

それが叶ったのも、ひとえにちゅらんを建設するために少なくないお金を支援してくださったたくさんの人たちのおかげです。名前も顔も知らない皆さんに、この場を借りて感謝の気持ちをお伝えします。本当にありがとうございました。

信じた二人からの心温まるサプライズ

その後、Ｙさんが軽トラで持ってきてくれた大量の青草を牧場の仲間たちに分け与えることになり、私もその作業のお手伝いに加わりました。馬たちは草の香りでわかるのか、早く欲しいと催促してきます。近づくと「ブルル～」と鼻を鳴らす子。さかんに首を振っている子。前足で「ガンガン！」と扉を蹴ってくる子など。アピール方法も個性豊かです（笑）

刈りたての新鮮な青草はみんな好きなのか、勢いよく食べる音が牧場内に響き渡ります。

その日はとても暑く、Ｙさんは食事を終えた赤燈馬をまだ建設中の洗い場に連れて行き、青空の下、ホースで水洗いを始めます。ひんやりとした水を浴びながら、赤燈馬は「ブヒヒーン」と鼻を鳴らし、気持ちよさそう。その様子を笑顔で見つめながら赤燈馬を洗うＹさん。馬と人とが心を通わせる姿は微笑ましく、Ｙさんの笑顔からは幸せがあふれていました。

ホースの水を飲もうと首を目一杯伸ばすかと思えば、濡れた体をブルブル震わせ、周りにいる人間に水を飛ばそうとする赤燈馬。その場にいる私たちも自然と笑いがこぼれます。すっかりピカピカになった体に満足そうな赤燈馬は日陰の馬房に戻り、Yさんも帰って行きました。入れ代わりにアメリカ人の皆さんが見学にやってきて、ふたたび牧場がにぎやかになりました。一通りの案内が終わり、彼らが帰ったところで、エリー夫妻からうれしい申し出がありました。

「林さんを海に連れていきたいんです」

そういえば、前回来た時も海に行きそびれていました。海からすぐの牧場なのに……。気候もよく、もう海で泳げるということだったので、プレハブで着替えて外に出てみると、鞍をつけたゴンフルじいさんがいます。

「さあ、乗ってください」

ニコニコ笑いながら話しかける渉さんに促されるまま、ゴンフルに乗って海まで行くことになったのです。聞けば、いつか営業許可が下りたら馬と一緒に海まで行って、乗馬したまま海にも入れるのを牧場の目玉にするつもりだったそう。

「海まで行く第1号は林さんと決めていたんです」

そういってもらえた私は、とにかくうれしいやら恥ずかしいやら。

馬の保護活動に身を投じて以降、誰を信じてよいのかわからなくなるような出来事が次々と起こり、心がくじけそうになったのも一度や二度ではありません。クラウドファウンディングを始めてみると、さらに心ない人からの悪意に触れることが増え、正直かなりまいってしまっていたのです。そんな心境でしたので夫妻からのサプライズは心の奥にまでジーンと響きました。

馬に乗って海へ行く

いざ、ゴンフルに乗って牧場を出発します。

市内から距離はあるとはいえ、海に出るまでは一般の道を歩くわけですから、すぐ横を車が走って行きます。ところが、ちゅらんの仲間たちはみんな肝が据わっているのか、あるいはおっとりしているのか、滅多なことでは驚きません。もちろんそれは、エリーたちが普段からしっかりと彼らに向き合い、トレーニングによって信頼関係を築いていることも大きな要因だと思います。中でも乗用馬の大ベテラン、ゴンフルは、正面から車が走って来ようが、横を自転車が通り過ぎようが、まったく動じることがありませんでした。

その度に乗馬初心者の私は「下はアスファルトだし、暴れて振り落とされたらどうしよう……」と不安になっていたのですが、そんな私の思いを知ってか知らいでか、ゴンフルは堂々としたものです。時々道端に生えている草を食べながら、いつもの散歩と同じような姿で歩いていました。

馬が道路を歩いているという光景は、地元の人にとっても当然珍しく、道行く人はみんな振り向いて我々一行を見ていました。その一方で、スマホのカメラを向けるような人はおらず、正面から来た車の運転手さんは馬が驚かないように道幅ギリギリまで避けた上で、馬たちが通り過ぎるまで止まって待っていてくれました。

沖縄の人たちの優しさを感じながら、私たちは20分ほどでビーチにつきました。

実はここは穴場のスポットらしく、夏に観光客が来る以外、普段はほとんど人がいない場所のようでした。ちなみに、馬が公道やビーチを歩くことについて、エリーたちはうるま市長に許可を取りにいったそうです。

「うるま市の観光スポットになるのなら、ぜひどうぞ」

市長からも馬がビーチに入る許可をいただけたので、我々一行はそのまま海に向かいました。

私にとって、沖縄の海は今回が生まれて初めて。青い空に心地よい風。そしてどこまでも青く澄んだ海。それだけでも十分贅沢なのに、馬に乗りながらその景色を堪能するという夢のような時間を味わうことができました。

ゴンフルは海が大好き。渉さんが誘導するよりも先に私を乗せたまま自ら進んで海に入って海水浴を楽しんでいます。ところどころ天然のサンゴがあるため、渉さんがそれを避けるように誘導してくれます。

せっかくなので馬から下りて、私も少しだけ海に入ってビーチを満喫し、再び馬に乗って牧場へと戻る、約1時間の幸せな時間を過ごしました。

それまで、馬と一緒に海水浴ができるなんて、思ってもみませんでした。こんな体験をする人が増えていったら、馬のよさを知ってもらえるだけでなく、馬の保護に興味や関心を持ってくださる人を増やすことに繋がると感じました。安全面や人員の確保などから、お客さんを乗せてのビーチツアーを行うのはしばらく先になるようでしたが、人気のツアーになるポテンシャルは十分にあります。

何より、馬たちが自分たちで働いて稼いだお金で牧場の仲間たちの生活も支える、そんな夢のある世界も実現可能ではないかと、ふっと思ったのでした。

100人に騙されても1人信頼できる人が見つかれば、それは人生の財産になる

牧場に戻って着替え、私はエリーたちと一緒に馬たちを眺めながらホースガーデンちゅらん

を立ち上げるために始めたクラファン中で起こったさまざまな出来事や苦労、ネットでの誹謗中傷、そして今回、私が行ったクラファンに誹謗中傷がエリーやちゅらんにまで飛び火してしまったことなどを話しました。

エリーたちは、クラファンを通じて私が誹謗中傷を受けているのを見て、その投稿をした人たちに意見をしてくれました。しかし、それによって矛先が彼らに向かってしまったのです。さらには「ホースガーデンちゅらんは悪質な牧場」などというでたらめな記事まで作成され、それがネット上に拡散されるという二次被害に繋がる始末。それればかりか、その記事を信用してしまった一般の人たちまでも一緒になってエリーたちの批判に加わってきたのです。

私はエリーたちにまで迷惑がかかってしまったことを心底申し訳なく思っていました。ことの発端は私の始めたクラファンにあるのですから、私が責任をもって対処するのが筋だと思います。しかし、私が何か発言することで、返ってエリーたちへの被害が大きくなることは容易に想像できました。見守ることしかできなかったことをおわびし、エリーたちへ自分の気持ちを正直に伝えました。

引退馬の保護活動をしようと決めてから私の出会った人たちは、自分たちの都合が悪くなると手のひらを返すように離れていくことが多かったのです。どんなに「馬のために一緒にがんばっていきましょう!」と熱く語っていた人であってもです。

エリーたちに対しても「この人たちもひょっとしたらまた離れていくかもしれない」そう思っていた時期もありました。しかし、自分たちが批判されただけでなく、大事な牧場の名前まで傷つけられたにもかかわらず、変わらずに私を信頼し、応援してくださる。

「林さんは馬を助けようとしているだけで、悪いことは何もしていないんだから、堂々としていればいいんです。本来なら、こういった活動は他の大金持ちの馬主たちがやるべきなのに、彼らは何もしていない。それを林さんは個人で実名を出した上で活動しているんです。これは本当にすごいことだと私たちは思っています。だから、私たちのことは気にせず、最後までやり切ってください！」

私は胸がいっぱいになり、言葉に詰まってしまいました。

子どもの頃から太っていて、人と話すのが苦手だった私は、小学校でも中学校でもいじめられていました。いじめられている私を助けると、その人もいじめられるようになるので、誰も助けようという人はでてきません。人は残酷です。

教科書を隠される。

登校すると私の机だけが廊下に出されている。

遠足などの班行動では、私だけ仲間はずれ……。

先生も含め、クラス全員、誰も助けようとする人はいないことを実感した私は、さらに心を閉ざし、いじめっ子がいじめるのに飽きるまで耐えるという日々を続けていました。

それでも以前は学校のように、閉ざされた世界の中だけの出来事で済んでいたものが、現代はネットによって、よいことも悪いことも全世界に拡散される時代になりました。それは陰湿ないじめについても同様です。矛先が自分だけでなく、家族の生活にまで及ぶ危険もあります。

ある日突然、自分のプライベートなことまで暴かれて、ネット上に晒される。それは非常に危険なことであり、私のようにネット上で叩かれている人間に手を差し伸べる人がいないのは、子ども時代のいじめの経験から普通だと思っていました。

なのに、エリーたちは悠然と立ち向かい、私を責め続ける人たちへ声を上げてくれました。彼らは本当に強く、美しい心を持ったすごい人たちだと思います。

そして、ずっとだまされ続け、人が信用できなくなっていたとはいえ、彼らのような人たちを少しでも疑った自分が情けなく思えました。

しかし、肩を落とす私にエリーはこう言いました。

「100人に騙されても1人信頼できる人が見つかれば、それは人生の財産になるんですよ」

強く、そして熱い言葉でした。

私は今までの自分の経験から、人を疑うことばかりしてきました。それはある意味、仕方がなかったかもしれません。だからこそ、これからは人を見る目を持ち、信頼する心を育てようと反省しました。

ふと気づけば、もう夕方でした。

最後に牧場の仲間たちと挨拶を交わし、牧場を後にしました。空港へ向かう道すがら、そして飛行機の中で私は考えました。人と馬の関係はどうあるべきなのかと。

2日間、まさに馬尽くしの日々を過ごしたことで、馬と触れ合うことが癒やしになり、元気をもらえることを改めて体感したと同時に、きれいごとだけでは馬は飼育できないことも痛感しました。しかし、それでも馬のよさを知ってもらうことが、最終的に支援の輪を広げることに繋がるとも思いました。だからこそ、私は頑張らないといけない。

殺処分される馬たちを助けるためのクラファンを最後までやり遂げよう、そう決心したのです。

虹の橋を越えた赤燈馬

私が沖縄から帰った2週間後、赤燈馬は亡くなりました。

その日の朝、馬房で急に倒れ込んだ赤燈馬はそのまま立ち上がれなくなってしまったのです。

エリーから連絡を受けたYさんが赤燈馬のもとに駆け寄ると、心配をかけまいと立ち上がろうとしては倒れ、再び立ち上がろうとします。この繰り返しは4時間も続き、倒れ込むたびに体が傷つき、脚も痛めてしまっていました。「赤燈馬、もういいよ！」と声をかけても、赤燈馬はやめようとしません。その場にいた全員がその姿を見て、涙ながらに応援していましたが、人間よりもはるかに大きな馬を支えることはできません。

駆けつけた獣医による診察でも、手の施しようがないとのことでした。

馬の寿命は25～30年程度といわれていますが、詳しい人たちの間では「20歳を過ぎたらいつどうなるかわからない」というのがよくいわれる言葉です。赤燈馬も20歳の大台に入っていましたが、何よりもちゅらんに来る前の劣悪な環境で大きなダメージを受けたのが大きな要因だと思われました。

ろくにエサももらえず、怪我の治療もされず、雨でもずっと外で放置されていた赤燈馬。衰えた体にこれらの仕打ちはこたえたことでしょう。

診察からしばらくすると、赤燈馬はついに立ち上がろうとする体力もなくなってしまいました。Yさんは寝たきりになった赤燈馬の頭を自分の膝に乗せ、しばらく撫でていました。

やせ細った体に、浮き出たあばら骨。何度も立ち上がろうと倒れ込んだことで負った全身の傷……。

馬の体重は五百キロ近くあるため、長時間寝たきりになると自分の体の重さで内臓が圧迫されたり、ポンプの役目を果たす蹄が使えないことから血流が滞ったりし、最終的に苦しんで亡くなります。

すでに体もボロボロで、自力で立つこともできない赤燈馬。ここまで本当に困難を乗り越えて生き抜いてくれた愛馬に対し、Yさんは「これ以上苦しめたくない」と、獣医の提案を受け入れ、安楽死を決断しました。

17年も一緒に過ごしてきた愛馬が虐待を受け、それによって命が縮まってしまったかもしれない……。Yさんの怒りと悲しみは計りしれません。初めてYさんと赤燈馬に会った時に彼女が言っていた言葉が今でも思い出されます。

「この子をここに連れてくることができて本当によかった。渉さんとエリーには本当に感謝してるんです。赤燈馬、長生きしてね」

笑顔で赤燈馬の首筋を撫でていたYさんの光景が忘れられません。

Yさんのように、心から馬を愛している人がこのような悲劇に遭わないようにするためにも、馬のことで困っている人の力になりたいと思いました。赤燈馬のご冥福をお祈り申し上げます。

10章

クラウドファンディング完結、そしてその先へ

1263名もの善意が寄せられる

沖縄での2日間は、馬の素晴らしさを再認識するだけでなく、エリーたちのような素晴らしい人との出会いに恵まれたことに感謝する時間となりました。馬のよさをもっとたくさんの人に知ってもらいたい……。その思いを強くしながら帰宅すると、朝日新聞社から荷物が届いていました。中身は5月11日付けの新聞でした。千葉版に野口学長と私の活動が紹介されていたのです。

「ひょっとして……」と思い、慌ててクラファンのページを開けてみると、沖縄に行っていた3日の間に100名を超える人たちから支援とコメントが寄せられていました。千葉版の記事は、朝日新聞デジタル版やヤフーニュースにも掲載されていたため、そこで情報を知った人もいました。

ネットによって情報がたくさんの人の目に留まるようになると、いつものことながら、悪質なコメントや批判的な人がたくさん出てきます。今回は日本中の人たちの目に触れるニュースとなったため、批判のコメントが多くなっただけでなく、協力してくださった方に対しても悪意あるコメントが書き込まれるようになりました。

自分のことならまだしも、協力者の方々に迷惑をかけてしまったことに精神的なダメージを受けましたが、そんな私のことを見かねて、バジガクの野口さんや、ホースガーデンちゅらんのエリーたちから激励の言葉が寄せられたのは、本当に心の救いになりました。ありがとうございました。

さらに、支援者の方々からも個別にコメントが寄せられ、それらはいずれも「馬のためにがんばって欲しい」というものでした。

多くの皆さんに勇気づけられた私は初心に戻り、自分がやるべきは「支援してくださる人たちの期待にこたえるために、一頭でも多くの馬の生きる道をつくること」だと強く決心しました。

そうと決めたら落ち込んでいる時間はありません。その時間はすべて、助けを待っている馬のために使うべきものだからです。私は再びパソコンに向かい、新着情報の更新作業なども再開しました。

そうは決めたものの、支援者の温かいメッセージに心を躍らせては、悪質なコメントに落ち込むという日々を繰り返し、それでもなんとか踏ん張って情報発信と更新を続けていったのです。

それは、終了まで残り1週間を切った時のことです。

野口さんから1通の連絡が入りました。

「支援者の皆さんだけでなく、批判をされている人に対しても説明をするために、ビデオメッセージをつくりました」

リンクをクリックして驚きました。

それは、これまで私がうまく説明できずに、ずっと苦しんでいたことを代弁するような素晴らしいメッセージだったからです。

動画は文字だけのメッセージよりもわかりやすく、ただただ感謝の気持ちでいっぱいでした。実際、多くの人たちから、これまで疑問に思っていたことがわかってよかったというコメントが寄せられ、動画によって納得した上で支援をすることを決めたという人も多数出てきました。

私はこれまでのことを思い返していました。業界のタブーを公にしたことで、私や私の活動が批判されるようになったとたん、それまで「応援しています」「一緒にがんばっていきましょう」といっていた人は去っていき、手のひらを返すように批判し始める人もたくさんいました。

しかし、その反面、今回のように本当に苦しい時に手を差し伸べてくださる人たちもおられる。その存在がはっきりわかる結果にもなりました。そうして応援してくださる賛同者や支援者の皆さんに感謝をしながら、2か月間に渡って行われてきたクラファンは、2021年5月28日、ついに終了しました。

当初は630万円で6頭を保護する目標でしたが、途中で達成できたことからさらに多くの子を助けようと上を目指し、ふたを開けてみれば1263名の方々から、計1442万2千円もの支援金が集まりました。それによって目標よりも8頭多い、14頭を保護できることになったのです。支援金だけでなく、引退馬に対する考えやさまざまな提案、メッセージをいただけたことも貴重な財産であり、保護活動を行う上での学びになりました。

業界のタブーを公にすることで、競馬界に私の居場所がなくなることは覚悟していました。それに加え、競馬界と保護界、両方の世界で体験したことを総合的に判断した結果、個人で馬の保護活動をすることの限界も思い知りました。だからこそ、馬の世界から離れるにあたり、私は、自分の引退馬保護活動の最後の締めくくりとして、このクラファンを行ったのです。

そこには、多くの人に引退馬たちの現状を知ってもらい、支援団体への寄付が増えることで救われる馬が増えてほしいという強い願いがありました。

結果として、たくさんの馬を大切にしたいと願う方々に情報を伝えることができました。そしてそのおかげで、1頭でも大変なところを、14頭も保護できることになったのです。

ある支援者からのありがたい申し出

2か月間に渡って続いたクラファンは、精神的にかなり辛いものでした。そのため、14頭も保護できることになったという喜びと同時に、これでもうひどい言葉を投げつけられなくて済むという、安堵の気持ちも正直ありました。

クラファンによって金額や保護できる頭数も具体化したことから、終了直後より野口学長、肥育場の社長とさまざまな打ち合わせが始まりました。ただ、私の頭の中はすでに達成感で満たされており、まだ見ぬ14頭の子たちに会えるのが楽しみでした。

しかし、日本中にたくさんの引退馬がいる中で、助かるのは〝たったの14頭〟というのもまた厳しい現実です。正直に言うと、自分にはその14頭を選ぶことができるとはとても思えませんでした。肥育場にいるすべての馬を救えるわけではありませんし、私なりの馬の好みも出てしまいます。公平であろうとしても、置いてこなければいけない子がいるという厳しい現実に、自分は真正面から向き合えるかどうかわかりません。身勝手だということは百も承知な上で、14頭の選別は肥育場の社長にお願いすることで決まりました。

その後の私は、バジガクに来た子たちのトレーニングを見守りながら、保護した14頭をきちんとした引き取り先へ送り出し、そこで自分が長い間取り組んできた引退馬保護活動の幕を閉じる算段でした。バジガクにはアサクサポイントとフロリダパンサーを預託していますので、自分の好きな時に会いに行き、そこで彼らとたくさん触れ合うことが、今後の馬との主な関わり方になるつもりだったのです。

ところが、そんなことを考えていた時、ある女性から私のもとに直接メッセージが届きました。

「馬のことについて調べていたら、林さんのクラウドファンディングを拝見し、協力したいと思いましたが終了していました。何か継続的に支援をさせていただくことはできませんか？」

宛名を見ると、株式会社SBMplus代表　鈴木光代とあります。ビルなどの清掃や保守のほか、幅広く事業を展開する会社の社長さんから直々のメッセージでした。何度かやり取りしたあと、バジガクで野口さんも交えてさまざまなお話をした上で、最終的に鈴木さんが保護した馬のオーナーとなり、バジガクにて継続預託を前向きに検討していただけるという話にまとまりました。

馬に興味を持っていた鈴木さんは、東京から近いバジガクで好きな時に馬と触れ合えるということをとても喜んでおられました。

一頭の馬を20年持つということは、年間100万円として2000万円以上の大金がかかる話です。その金額を個人オーナーが負担するというのは並大抵ではありません。それでもよいという個人オーナーは馬に愛情を持って接する人がほとんどであり、その意味では引退馬の保護活動において、個人オーナーを見つけることが私の理想に最も近いものでした。

クラファン終了からすぐに1頭の個人オーナー候補が見つかったのは、非常に幸運なことでした。

人の良心をもう一度信じてみよう

その後もクラファンの支援者の方とメッセージのやり取りを続けていると、10名以上の方から継続的な支援をさせて欲しいとの申し出がありました。

皆さま、馬に対する思いはそれぞれでしたので、私はその度に、自分の馬への思いや、引退馬の保護活動にかける思いなどをお伝えするようにしていました。

なにせ、私は今までずっと個人で活動をしてきましたから、金銭的にも人員的にも一人ではどうにもならないという限界からクラファンを始めたという経緯があります。引退馬たちの現状を一人でも多くの人に知ってもらい、支援団体への寄付が増えればその分だけ救える馬も増えていく……。それがクラファンの立ち上げ時に込めた自分の思いであることもお伝えしました。

それを読んだ支援者の方々からは、共感や支援の継続を希望するコメントが次々届きました。

「林さんの活動に共感したので、今後も協力したいです」
「継続支援できる仕組みをつくってください」
「林さんと一緒に活動していきたいと思いました」

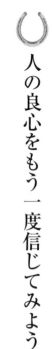

クラファンを始める前までは、こんな人たちがいることも知らなかったわけですから、涙が出るほどありがたいことでした。しかし、私は直接馬を管理してはおらず、私が支援を受けるわけにはいきません。

ですが、それほどまでに馬を愛している方々の想いに応えるためには、再び新しいプロジェクトを始めることでしたが、そうすることによりまた各方面から誹謗中傷や批判を受けるのではないかが心配でした。そういった生活からはもう距離を置きたいという思いが強かったのです。今後は愛馬との触れ合いをゆったり楽しむだけにしたい。そう思って、せっかくの申し出もすべてお断りをするつもりであることを妻に話しました。

ところが妻の答えは意外なものでした。

「今まで会ったこともないあなたに対して、そこまで言ってくださるというのは、なかなかできることじゃないと思うよ。そこまで強い気持ちで引退馬の保護活動に協力したいって言ってくださる人に『自分にはできないから、他の団体を支援してください』って丸投げするのは、やっぱり無責任なんじゃないかなぁ……」

てっきり、もう十分頑張ったからいいと思うよ、なんて言われると思っていただけに、驚きました。しかし、思い返してみれば、確かに応援メッセージの中には、今まで馬のために何かをしようと思っていたけれど、自分では何もできなかったという人や、こういう取り組みがあったから初めて参加できてとても嬉しいという人など、クラファンというきっかけがあったことで動き出せた人からのコメントがたくさんありました。

支援してくださった皆さんは、私が思い願った活動に対して賛同してくださったのであり、ならばその気持ちに可能な限り寄り添い、応えることも発起人としての務めなのかもしれない。妻のひと言が、支援者の皆さんの思いに応えるという、大事なことに気づかせてくれたのです。

そこで私は自分なりに思うさまざまなプランを考え、野口さんに提案してみることにしました。

「とてもよいプランだと思うので、実現可能かどうか、きちんと検討してから連絡します」

野口さんはそう答え、私の提案を受け取ってくださいました。野口さんから快諾の連絡が来たのは、それからわずか数日後のことでした。

「林さん、全面協力します。馬たちを助けられるためなら、やりますよ！」

私は競馬界からも保護界からも腫れ物扱いされるような、いわば要注意人物です。一方の野口さんは、馬の学校として日本を代表するバジガクのトップ。そんな人が私のような存在に手を貸すこと自体、彼らにとってマイナスしかないと思っていました。いじめられている人を助けようとして、その人までいじめの標的にされてしまうのと同じことが起こるかもしれないからです。しかし、野口さんは学校の看板に傷がつく恐れがあるにもかかわらず、ただの個人である私に協力してくださると言うのです。

その理由は「馬を助けたい」という思い、その一点につきました。

バジガクは馬術だけでなく、競馬の騎手や厩務員など将来競馬界で働く若者への教育も行っています。ところが、競馬界の中には野口さんのことを悪く言う人もいます。私が馬主として競馬界に関わり始めたばかりの頃にも、野口さんについての悪評を聞いたことがあります。まだ何も知らなかった私も、当時はそんな悪い人もいるんだくらいにしか思っていませんでした。

クラファンの経緯で紹介したとおり、馬の世界には「馬を助けたい」と口にすると嫌われるという、不可解なことが起こります。野口さんは以前から引退馬の保護活動を積極的に行ってきていたので、それを快く思わない人たちからありもしない噂話を流されていたのだと、自分がその立場になって、よくわかりました。

野口さんの大きな志に思いを馳せるうちに「どうせならもっとひどい噂を流されるくらい、大きな保護活動をやってみよう」そう思って考えついたのが、野口さんが受け取ってくれた私の提案だったのです。

11章

引退馬支援団体「Retouch（リタッチ）」の立ち上げ

野口さんが受け止めてくれた引退馬の一筋の光

私が野口さんに提案したのは、クラファンでの活動を継続的に行おうというものでした。趣旨に賛同する会員を募り、その会員たちが負担する会費で殺処分予定の馬を保護するのです。会費が一定金額に到達した時点で、肥育場から、または行き場をなくした馬を1頭ずつ保護し、6か月の再調教を実施。その後、個人オーナーや乗馬クラブ、観光施設などへ譲渡するという仕組みです。

このプロジェクトには、内容がしっかりわかる、ふさわしい名称が必要だろうと、自分なりにあれこれ考えました。最終的に決まった「Retouch（リタッチ）」は、行き場をなくした馬に再び（Re）手を差し伸べ（touch）たい、という思いを込めた造語です。また、英語のretouchには「修正」や「手を入れる」という意味もあり、引退によって一度は決まった殺処分という決定に〝手を入れる〟という意味でもぴったりだと思いました。

野口さんが全面的に協力してくださったことで、ただのアイデアだった支援活動プランは、引退馬支援団体リタッチとして形になり、2021年6月、正式に立ち上がりました。

リタッチの活動開始にあたり、知人から新聞社の方を紹介してもらい、数社の記者さんとお話しをさせていただく機会を得ました。その中から、6月28日の産経新聞の埼玉版とデジタル版に掲載された記事は、ヤフーニュースのトップページにも掲載されたこともあって、2000件以上のコメントが寄せられました。この記事の反響もあり、立ち上げからわずか1週間で70名以上の方たちに入会していただけたのです。

これまでずっと一人で保護活動を続けてきて、馬を救おうとすればするほど、厳しい現実に打ちのめされてきました。個人での活動に限界を感じるだけでなく、馬を救おうと考えること自体が間違っていたのではないか……、本気でそう思うまで追い詰められていきました。そんな中、唯一の心残りだった、殺処分寸前の肥育場の子達を1頭でも保護してあげたいという思いが募り、最後の力を振り絞って保護活動に身を投じました。そして、私はそれを最後に馬の世界から身を退くつもりだったのです。

ところが、人生とは不思議なものです。綺麗さっぱりやめるつもりが、逆に新しい団体を立ち上げることになってしまったのですから。

賛同してくださる人たちと、長く続けられる活動にするために

2022年1月16日、支援者の皆さまをお招きし、肥育場から保護できた子たちの現状を紹介するツアーを行いました。

支援のおかげで無事に保護できた馬のもとへみんなで向かい、エサやりや騎乗体験など、馬と実際に触れ合う時間をみんなで楽しむ。「あぁ、何て尊い空間なのだろう……」私はツアーの主催者としてこの時が迎えられたことに感謝しながら、幸せな空間にしばし浸っていました。

気がつけばあっという間にツアーの全行程が終わり、予定よりも少しだけ時間が余っていました。せっかくだからと促され、皆さんに今までの活動をお話しさせていただきました。

競馬界や保護界の現状、肥育場にいた子に服を引っ張られたつらい思い出など、私がこれまで体験してきたことをかいつまんで説明していると、それを聞きながら涙を流す人もいて、思わずこちらももらい泣きしてしまいそうでした。

保護できた子たちは、支援してくださった方々の協力がなければ、すでにこの世にはいなかったのです。一度は人間に見捨てられた子たちが、みんなから「救われて本当によかった」と祝

福され、愛されながら日々幸せに暮らしている……。肥育場に送られたということは「おまえはもういらない」と、生きることを否定され、死を待つだけの状態に置かれたわけですから、そこから生還できたのはまさに奇跡といっていいでしょう。

支援者の皆さまをお招きするツアーはその後も何度か開催しました。その度に、参加した皆さまが心から保護馬たちとの触れ合いを楽しんでいるのが伝わってきて、この活動の意味と意義を再確認しました。それは野口さんにとっても同じだったようで、リタッチ会員の方を招待するツアーは今後も定期的に行い、馬たちと触れ合う機会をつくっていこうということになりました。

会員の方は何度でも参加できるようにして

「あれ、〇〇さん、また来たんですか?」

「だって、あの子に会いたいんだもの（笑）」

なんてお互いに軽口を言い合うような関係が築けたらいいなぁ、なんて思っています。

ツアーを通して、楽しい思い出をつくり、保護活動へ関心を持つ人を増やしていく。こうした地道な活動が、最終的に一頭でも多くの馬を保護することへと繋がっていく……。ツアーには、そんな私の願いも込められています。

ここまで読んでくださった皆さまはお気づきの通り、競走馬の現状について私が経験してきたことの9割以上は辛く、悲しいお話しばかりです。それをそのままお伝えしても、聞いている相手もつらいでしょう。決していい気持ちはしませんし「そんな現実、知りたくなかった」と怒られるか、または「愚痴を聞かされても……」と、嫌みをいわれることでしょう。

しかし、私としては、保護活動のよい面ばかりを伝えていては、引退馬を取巻く現状を変える力にはならないという思いがあります。引退馬の問題はさまざまな利害関係者がおり、長い歴史の上に成り立っています。それを変えていくには、おのずと活動そのものも長く続けていく必要があります。

辛い現実もきちんと伝え、それを聞いた人が自分なりに解釈し、その上で自発的に保護活動に加わってもらうことが、活動を支える力になります。というのも、人は誰かに何かを勧められても、自分が本当に納得していなければ興味が続かないからです。一方、自分で考え、納得したものは、自分なりの決心がついているので、簡単には飽きたり辞めたりしません。

一過性のブームのように、短期的に賛同してくれる人を増やすのではなく、一緒に続けられる仲間とともに、長く活動していきたい、それが私の考えであり、願いです。これまでの保護活動の中で、心から信頼していた人たちに次々と裏切られ、利用され、踏み台にされてきた自分自身の経験があるからこそ、リタッチの活動を信頼してくれる人たちを利用するようなことを、私はしたくないのです。

それがクラファンやリタッチに賛同してくださっている方々への「誠意」だと考えています。

命をいただいて生きている……。私たちの抱える葛藤にきちんと向き合いたい

引退馬の保護活動をしている団体の中には、中央競馬からの寄付金を運営資金に充てているところもあります。有名な引退馬の保護を目的としていたり、組織の中に著名な人がいたりすると、中央競馬との繋がりも生まれやすいです。

しかし、私にはそんなつてもなく、保護馬も世間的にはほぼ無名のため、中央競馬から寄付金をもらえるはずもありません。馬の保護活動に力をいれたくても、専業の仕事として生計を立てるのは不可能なので、私は普段、別の仕事をしながら家族を養いつつ、保護活動を続けています。

一口に保護活動といっても、やるべきことはたくさんあります。

肥育場や関連施設への訪問。会員の方々からのメールやメッセージなどの問い合わせへの対応。SNSによる情報発信。YouTubeへの投稿とコメントへの返信。さらには、未だに続く

私への嫌がらせへの対応にも時間を奪われています。これらをこなすには、膨大な時間と労力、そしてお金がかかります。

さらに辛いのは、これらの活動は熱心にやればやるほど、長く続ければ続けるほど、競馬界をはじめとしたさまざまな方面から目の敵にされることです。「こんな辛い思いをしてまで、私はいったい何をやっているのだろう?」と我に返り、落ち込んだことは数限りなくあります。

SNSを見ていても、通常の馬主は現役で活躍する愛馬に関しては投稿するものの、引退後や不要になった馬の行方について投稿することはまずありません。肥育場に送り出したことを公表しなければファンをはじめ、一般の人たちが事実を知ることもありません。よい部分だけを公表し、都合の悪い部分は隠しておくことが「競馬界にとっての正しい馬主のあり方」になっています。ですから、競馬界に身を置きながら、引退後の馬の処遇を公表している私のような人間は、目障りな存在なのです。その結果、インターネットを使って匿名で批判をしたり、根も葉もない噂を流したりする人が出てきて、それを真に受けた多くの調教師さんや「ずっと応援しています!」と、協力してくださっていた人たちの多くが私と距離を取り、離れていきました。

しかし、現実には、競馬関係者の「全員」が、引退馬のほとんどは経済的な理由によって生き残れないということを知っています。多くの関係者が「可哀想だけど仕方がない」と割り切り、日々の仕事を続けているのです。その命の葛藤を抱えた人たちのいるど真ん中で「馬を助けたい！」と、声をあげた関係者が出てきたら、その人たちはどう思うでしょうか？

「俺たちがまるで悪いことをしているといっているみたいじゃないか！」

と、激怒する人がたくさん出てきます。馬主でもありながら保護活動もしている私が置かれている状況は、まさにこの状態なのです。

馬に関わる人たちは「立場が違えば、考えも違う」ため、全員が納得できる完璧な答えを持っている人はいません。ところが、よく考えればこの話は馬の世界に限ったことではないのです。

私たち人間は、生きていくために多くの命をいただいています。この本ではずっと馬について語ってきましたが、牛、豚、鳥、魚、そのどれも同じ命です。しかし、肉や魚を食べることに対してはあまり大きな騒ぎにならない一方、馬となったとたん、話が変わってきます。私は馬を通じてさまざまなことを経験し、それによって深く悩み、考え、そして「命」について思いを巡らせるようになりました。

「マグロの解体ショーにはたくさんの人が集まり、その様子を喜んで見た後、みんなおいしそうに食べている……。でも、どうして馬が解体され、肉になることにはこんなにも反対の声が集まるのか？」

「牛や魚はよくて、なぜ馬はダメなのだろう？」

なぜ？　なぜ？　なぜ？

……。

答えは出るはずもなく、おそらく一生かかっても答えは出ないでしょう。仮に答えが出せたとしても、それは私個人の信条にもとづくもので、人に強要はできません。それでも、自分が引退馬の保護活動を続ける理由をがんばって言語化してみました。それは次のようなものです。

走ることを宿命づけられて生まれてきたサラブレッドたち。

彼らはまさに〝命を懸けて〟競馬という厳しい世界を駆け抜けてきた。

一生懸命走ってきたのだから、

せめて、引退後は一頭でも多くの馬が余生を過ごせるようにしてあげたい……。

実はこの言葉は、もともと自分が保護活動を始めようと思った時に考えていたこととほとんど同じでした。いろいろな経験を積んだ結果として、私は一周回って原点に戻ってきていたのです。自分を突き動かしたこの思いは、ずっと大きなエネルギーとして、自分の行動を支えてくれていたのだと、改めて気がつきました。

命という永遠のテーマに関わっている以上、馬に関わるすべての人が手を取り合い、１つにまとまることはないでしょう。それでも、多様な意見を出し合い、それぞれが何らかのアクションを起こし続けることで、事態は少しずつ変化していくと私は信じています。

そのためにも「自分の意見を一方的に言って相手を批判したら、それで熱が冷めて終わり」という現状は変えていかないといけません。どんなに価値のある意見や批判であっても、実際に行動を起こさなくては、馬を救うことなどできないからです。小さなアクションであっても、ゼロからイチをつくっていけば、それは大きな前進です。その先に一頭でも多く、馬の生きられる道があるのですから。

「引退馬の未来に小さな光を」本書のタイトルのように、たった一人で始めた活動が、たくさんの方たちの協力によって、少しずつ広がりを見せ、本来失われるはずだった命が1つ、また1つと救われるようになってきています。

本当に小さな一歩ですが、引退馬にとっての小さな光になれるよう、これからもがんばっていきます。

年間7千頭も増えるサラブレッドを一頭でも多く救いたい

以前、あるライターの方からこんなことをいわれたことがあります。

「その世界から離れようとしても、必ず引き戻される人がいます。林さんもきっと馬に呼ばれているんですよ」

なるほど、まさしくその通りだと膝を打ちました。

とは言うものの、私の力など微々たるものです。団体の立ち上げにあたっては、実にたくさんの方々の協力がありました。それがなければ、団体を立ち上げることなどとても無理でした。

まずもって、バジガクの野口学長の存在は欠かすことができません。一個人である私を全力でサポートしていただけたからこそ、団体の設立ならびに運営までたどり着くことができました。

また、クラファンによって私がネット上で猛烈な批判を受けている最中にも、自分の身を顧みずフォローしてくれたホースガーデンちゅらんのエリーと渉さん夫妻。そして昔からずっと変わらずに応援してくださっていたフォロワーの方々や、クラファン後も継続支援を申し出てくださった方々。さらには、保護団体の代表という大それた立場に就くことをひたすらためらっていた私の背中を、ぐいぐい押してくれた両親と妻。

まだまだ書き切れないたくさんの人たちのおかげで、リタッチを立ち上げることができました。

通常、大きな団体は中央競馬などからの補助金が支給されますが、何の後ろ盾もない個人が団体を立ち上げること自体、無謀といえるかもしれません。当然ながら先行きは不透明であり、大きな団体と比べれば、運営能力や信頼度が頼りないことは否めません。しかし、そのような状況の中でも、多くの方々に活動を応援していただけることは、素直に嬉しく、そして本当に心強いです。おかげさまで、２０２２年10月現在の会員数は１４５名になりました。

最初から大きな結果を出すことはできなくとも、小さなことをコツコツと積み重ねて、応援してくださる人たちの期待に応えることが何よりも大切だと思っています。そのためにも、少しずつ目に見える形で結果を出し、応援してくださる方々に恩返しをしていきたいと思っています。

団体を立ち上げ、メディアに取り上げられたからといっても、まだまだこの活動はスタートラインに立ったばかり。競走馬になるために生まれてくるサラブレッドは年間７千頭以上もおり、引退する馬も同じくらいいると言われている中、そのほとんどは「行方不明」として処理されています。

今後どのような未来が描けるのかは、皆目見当もつきませんが、会員さんと一緒に、一頭でも多くの馬を保護し、生きる道へと繋げる未来をつくり上げていきたいと思っています。

ひょっとしたら、数年後、何百、何千という会員さんたちとともに、笑顔で交流をしながら、新しい馬の保護方法などを語り合う、そんな未来が訪れるかもしれません。

これから全力で活動を続けていきますので、温かく見守っていただければ幸いです。

終わりに

～馬を救うことは人を幸せにすることにも繋がる～

私が馬に興味を持ち、馬主になる夢を叶えてから、引退馬保護活動を始め、そして保護団体リタッチを立ち上げるまでの、さまざまな活動や想いを綴ってきました。すでに、何度も書いているように、馬の世界には利害関係や考え方の相違などもあり「これが正しい」という正解はありません。

馬と関わる多くの人たちの、それぞれの考えによって成り立っている業界なのです。馬を飼育するには厳しい条件がありますし、さらに多額のお金もかかるため、馬を飼うこと自体、非常に大変なことなのです。そのため、確固たる意志なくしては、馬を飼育することはできません。

逆に言えば、強い思いを持って飼育しているからこそ「自分のやっていることが正しい」と考える人も多いのでしょう。事実「あいつは間違っている」と声を上げる人には、そういう人が少なくありません。

一方で、馬を飼うことはできないけれど、なんとか馬を助けたいという気持ちから、保護団体に所属する人も年々増加しています。しかしここでも「自分の所属しているところは正しく、他の団体は間違っている」という思考に陥っている人も一定数います。

私にはそれが残念でなりません。

なぜなら、馬を保護して飼育する人、保護団体、団体の会員、その他引退馬保護に関わるすべての人たちの意識の根底にあるのは「馬を救いたい」という強い想いだからです。

その明白で共通の想いを持つ人たちは、本来、同志のはず。たとえ、システムや考え方が違っていても、この世の中から1頭でも多くの馬が救われるのならば、みんなで車座になって喜べるはずだと思うのです。

自分の考えと違うからと、同志を批判し、それを受けて傷つく同志がいる。それは本当に悲しいことでしょう?

人の考えを変えるのは極めて難しいことです。

しかし、私は所属団体の垣根を越え、みんなで馬を助けるために協力できる新しい未来を望みます。

そのためにも、まずは私自身、結果を出しながら信頼される存在になっていきたいと思っています。その上で、少しでも多くの人が批判ではなく意見交換をできるようになれば、きっと新しい保護の方法も見つかると思うのです。

それは、さらに多くの馬の命を救うという、我々と思いを同じくする同志にとって最も喜ぶべき未来に繋がります。

「馬を助ける」ということは、実は馬のみならず「人のため」でもあるのだと、今こうして書いていて気づきました。だから今後は馬だけでなく、保護活動に関わるすべての人たちも幸せになれるよう、幸せな人を増やせる努力も合わせてがんばっていきたいです。

最後になりますが、何の力もない一般市民の私に協力していただいた、バジガクの野口佳槻代表、ホースガーデンちゅらんのエリーことエリザベス夫妻、支援者の皆さま、継続支援を申し出てくださった皆さま、リタッチ会員の皆さま、そして、この本を編集者として一緒につくり上げてくださった小林渡さんに、この場を借りてお礼申し上げます。

応援してくださるすべての方々への感謝を胸に、これからも馬を助けることを最優先に活動を続けていきます。

２０２２年10月　林 由真

林 由真（はやし よしまさ）

1983年、埼玉生まれ。

中学時代に競馬と出会い、将来は馬主になることを夢見る。貯金をし続け、2016年に地方競馬の馬主資格を取得。競馬の世界に入ったことで引退した馬達のほとんどが生きられない現状を知り、引退馬が生きるための道を探し始める。

2019年、愛馬フロリダパンサーの事故をきっかけに自分ひとりの力では1頭の馬も救うことができないことを知り、インターネットを使って引退馬の現状を広める活動を始める。

馬のために全国を歩き回って紆余曲折ありながら、馬達を食用肉とする肥育場に足を踏み入れる。

明日、命を落とすことになるかもしれないという極限の状況で暮らしている現状に衝撃を受け、そこで暮らす馬達を1頭でも救うためにクラウドファンディングを行い、たくさんの馬を保護することに成功する。

その後、引退馬支援団体「Retouch（リタッチ）」を立ち上げる。

活動の中心は肥育場で暮らす馬達の保護だが、現在は様々な事情で行き場を無くした馬達の保護も並行して行っている。

今後も触れ合いイベントやSNSによる情報発信を続けることで馬の良さを広めて同志を募り、1頭でも多くの馬が生きられるために活動を続けていく。

引退馬保護活動が抱える理想と現実　引退馬の未来に小さな光を

2023年4月7日　　第1刷発行

著　者——— 林 由真
発　行——— 日本橋出版
〒103-0023　東京都中央区日本橋本町 2-3-15
https://nihonbashi-pub.co.jp/
電話／ 03-6273-2638
発　売——— 星雲社（共同出版社・流通責任出版社）
〒112-0005　東京都文京区水道 1-3-30
電話／ 03-3868-3275

ISBN 978-4-434-31455-1